橋元良明
Yoshiaki Hashimoto

メディアと日本人

——変わりゆく日常

岩波新書
1298

はじめに

この一五年間のメディア環境の急変ぶりは、人類史上特筆すべきものと言っておおげさでないだろう。いうまでもなく、その立役者はケータイとインターネットの普及である。

この二つのおかげで、通勤時の車中の風景も、若者の音楽の消費形態も、同窓会の連絡方法も、生活の様々な局面で我々の行動形態は一変した。

変化を裏付ける数字はたくさんある。情報機器の販売数、新しいサービスの契約数、アプリケーションの売上額などである。しかし、生活の中でメディアをどのように使っているか、すなわち情報行動の変化を明確に示すデータは意外に少ない。たとえば、自宅でインターネットに費やす時間が、どの程度増加したかなどの数値である。

偶然にも、メディアの世界で大きな変化が始まった一九九五年から、筆者らは情報行動に関する調査を開始した。メディア利用に関する調査は、行政や各種研究機関などによるものをはじめ、少なからず実施されているが、全国規模の、無作為抽出による訪問調査で、インターネット利用も含めた日記式記録調査を継続的に行っている研究事例は稀有ではないかと思う。

メディア環境の変化、それによる生活の変容を語るには、周辺観察記や業界の内輪話、思弁的評論では不十分であり、実証的データに裏付けられた議論が必要なことは言うまでもない。

本書では、一九九五年から最新の二〇一〇年までの調査から得たデータを最大限活用して、メディアとの接し方を中心とした日本人の生活の変化を探っていきたいと思う。

また、生活の中で大きな役割を果たしてきたそれぞれのメディアについて、誕生から、その後、日本人にどのように受容されていったのか歴史を振り返り、さらには、繰り返し論じられてきたメディアの「悪影響」についても、社会心理学の領域を中心に研究の展開を紹介する。

それらを踏まえることで、より俯瞰的・重畳的に「メディアと日本人」の関係について理解が進むと考えるからである。

以下、本書の内容を手短に説明しておく。

1章では、まず、鎖国前後や開国前後に日本を訪れた外国人が、当時の日本人の知的レベルや情報意識をどのように評価していたかを紹介する。その中で、旺盛な知的好奇心や外国文化受け入れの柔軟性など、多くの滞日外国人が共通に抱いた印象も多い。

そうした精神的風土の中で、その後、現代のメディアの中核を構成している新聞、ラジオ、電話、テレビ、インターネットを、日本人がどのように受け入れ、発展させてきたのか歴史を概観し、それぞれのメディアが我々の生活にもたらした影響について解説する。

2章では、筆者らが一五年来実施している「日本人の情報行動調査」のデータを中心に、他の研究機関などのデータも適宜参照しながら、主要メディアの、この一五年の利用実態の変化について論じる。同時に、なぜ多くの既成マスメディアが現在、退潮傾向にあるのか、その背景についても考察する。

3章では、新しいメディアが普及する際に、必ずといっていいほど沸き上がるメディア害悪論について、おもにテレビ、インターネットに焦点をあて、その当否を検討する。研究の蓄積量が多いアメリカの研究を中心に論じているが、日本における研究にも言及し、日本とアメリカでのメディアを受け入れる社会的・文化的風土の相違についても明らかにする。

4章では、この十数年来の新しいメディア環境の中で生まれ育ってきた若者が、メンタリティー（心理傾向）において、それまでの世代とどのような相違をもつのか、メディア利用行動（とくにインターネット利用）とどのような関連をもっているのかについて考察する。

終章では、まず、実証的分析から、現在、メディア間で単純に侵蝕現象が進行しているわけではなく、在宅時間の中で、多様なメディアへの絶妙な時間配分が行われていることを示す。

さらに、メディアの存亡を決するのは、「機能の代替性」であることを説明する。

そして最後に、現代においては、メディアそれ自体が、我々の生活や意識を変える大きな力を持つことを述べたいと思う。

本書が、それぞれのメディアの歴史と意義を再確認し、日本人の生活やメンタリティーをどのように変え、また今後変えようとしているのかを考察する糸口になれば、筆者にとって喜びである。

目　次

目次

1章　日本人はメディアをどう受け入れてきたか

1　近代日本人の情報意識

一五九〇年、長旅から帰国した天正遣欧少年使節の重い土産はグーテンベルク印刷機だった。

知的好奇心の強さ

イエズス会が日本人聖職者育成のために創設した「コレジオ(学林)」に置かれた印刷機により、『平家物語』『伊曾保物語』『日葡辞書』などいわゆる「キリシタン版」と呼ばれる日本語学習書や辞書などが印刷された。東洋で最初の西洋式印刷機の使用である。

当初は印刷機と同時にもちこまれた洋文字の活字によるローマ字本であったが、一五九八年以降には『落葉集』など国字本も刊行されている。もともと印刷機の輸入、活用はポルトガル人宣教師たちの発案、指導だったが、短期間に国字活字を鋳造し、和書の印刷を始めた技術力、好奇心はその後のメディアをめぐる日本人の技術の取り込みの俊敏さ、器用さを象徴している。

日本に立ち寄った西洋人たちは、現代でもしばしば指摘される日本人の知的好奇心や外国文化受容の柔軟性、模倣能力をつとに指摘していた。

フランシスコ・ザビエル(日本滞在期間一五四九—五一年)はマラッカで日本人「アンジロウ」

と会った印象から、新しく発見された諸地域のなかで日本人は最も知識欲の旺盛な民族であると述べ、来日後も、(日本人は)慎み深く、才能があり、知識欲が旺盛、と記した手紙をイエズス会の創立者の一人であるロヨラに送っている。また、天正遣欧少年使節派遣を企画したイエズス会巡察使アレッサンドロ・ヴァリニャーノ(滞日一五七九―一六〇三年の間に三回)も日本の子どもたちが知的吸収力に富み、利口であることを書きとどめている。

時代は下り一七七五年から一年間日本に滞在したスウェーデンの植物学者ツュンベリーや、幕末から明治にかけて来日し、帰国後『日本文学史』を著した英国の外交官W・アストン(滞日一八六四―八九年)なども同様に日本人の旺盛な知的好奇心に言及している。

識字率の高さ

知的好奇心の背景には、そもそも日本人の識字率が高く、読書習慣もかなり庶民まで根付いていたということがあった。すでに江戸時代、日本は藩校や寺子屋教育のおかげで世界でも最も読み書き教育が普及していたと言われる。

ザビエルは一五四九年に鹿児島に到着後、ゴアのイエズス会神父宛の手紙で日本人の大部分が読み書きできることに驚嘆し、またロヨラ宛の書簡でも、日本の多くの人たち、とくに武士階級の男女や商人たちは読み書きができると書いている。

江戸末期、プロイセン政府の遠征団に画家として参加したベルク(来日一八六〇年)や、日英修好通商条約締結のために来日した外交官エルギンの秘書ローレンス・オリファント(滞日一八五八―六一年)など、開国前後に日本を訪れ、その印象を書物に残した多くの外国人も、明治以前の日本、少なくとも江戸、大坂周辺では庶民層でも大半が読み書きができたことに驚きの声を上げている。

外国文化受容の柔軟性

読み書きができて、知的好奇心が旺盛というだけにとどまらず、外国文化を受け入れるにあたって極めて柔軟な態度であったことも数多くの西洋人が述べている。

初代駐日総領事を務めた英国人オールコック(滞日一八五九―六二年、六四年)は「中国人はそのうぬぼれのゆえに、外国製品の優秀さを無視したり、否定したりしようとする。逆に日本人は、どういう点で外国製品がすぐれているか、どうすれば自分たちも立派な品をつくり出すことができるか、ということを見いだすのに熱心であるし、また素早い」と記した(『大君の都』)。プロイセン遠征団を乗せたエルベ号艦長ラインホルト・ヴェルナー(来日一八六〇年)も同様に、中国人との比較の中で、日本人は進んでヨーロッパの商品を購入したがっていると述べ、スコットランド出身の植物学者R・フォーチュン(来日一八六〇年、六一年)も「日本人は先進文明を示されると、機敏に採用する」(『幕末日本探訪記』)というほぼ同趣旨の意見を示している。

明治になっても開国後の日本人の文化受容の鷹揚さ、積極性が肯定的に評価されている。大森貝塚を発掘したモース(滞日一八七七―八〇年)は『日本その日その日』で、日本の国民があらゆる文明から最善のものをさがし出して、それを即座に採用するという著しい特長を持っていると賞賛し、先に引いたアストンも「日本人は、単に借用することで決して満足しない。美術においても、政治組織においても、宗教においてさえも、他国から採り入れたものは何でも広範囲にわたって修正を施し、それに国民精神の刻印を押すという習性を持っている」と記した。

模倣に長けた日本人

知的好奇心が旺盛で外国文化の受容に柔軟性があるということは、模倣に長けているということでもある。日本人の模倣に関する記述は現代に至るまで数限りなく繰り返されているが、明治期の日本人についても同じ言及がすでになされていたことを、イギリスの日本研究家であり東京大学でも教鞭をとったチェンバレン(滞日一八七三―一九一一年)が『日本事物誌』でこう簡潔にまとめている。

すべての観察者が感じている日本人の模倣性については、貸し方と借り方のどちらの勘定に回すべきか、著者はためらうのである。これは日本人の知的劣性の症状として、たいていの人は非難しているようである。独創性の欠如であると、彼らは言う。ところが、たいていの価値ある思想の風に吹かれて、すでによく身にしみているという世界では、この模倣性は実際的知恵の証拠であるという人もある。これが良いか悪いかは別として、模倣が手のこんだ細部にまで浸透しているのを見ては驚嘆せざるを得ないのである。

四つの特長と現代の日本

江戸時代直前から明治時代初期まで西洋人が日本人の情報意識、情報行動をどう感じていたかを見てきたが、特に、知的好奇心、その前提となる識字率(リテラシー)の高さ、外国文化受け入れへの柔軟性、模倣能力の四点について指摘した。

この四つは、明治以降現代に至るまで、日本人のメディア受容について一貫して妥当する特性であり、結果的に現在、日本では、世界でも最先端の情報環境が作り出された。と同時に、いつまでも海外のイノベーターの追随者の地位に甘んじ、技術面でトップに立っても、そこから先の方向性を見失ってしまう日本人の原型を形づくったともいえるのではないだろうか。

本章では以下、現代のメディアの中核を構成している新聞、ラジオ、電話、テレビ、インターネットについて、日本での歴史をたどり、その影響について考察する。

2　新聞の発刊と普及

新聞の登場

本章の冒頭に触れた西洋式活版印刷術のその後に話を戻そう。キリシタン版は一六一〇年ごろまで刊行が続けられた。しかし、キリシタンへの弾圧が激しくなるにつれ刊行が先細りし、印刷機はマカオに移送された。もとより和書の場合、縦書きの崩し字を活版で印刷するのは困難を極める。そのため、江戸時代の主流は木版製版印刷に移った。

ニュースを伝える読み物は、一枚刷りの瓦版として世に流布した。瓦版から、再び活版印刷という形で世に日刊新聞が送り出されたのは「横浜毎日新聞」(一八七一年創刊)からである。印刷に用いられたのは本木昌造らの手による国字鉛活字であった。

なお、日本最初の邦字紙は幕府の洋書調所が一八六二年に刊行した「官板バタビヤ新聞」とされるが、この新聞はバタビヤ(ジャカルタ)にあったオランダ総督府が発行した新聞の翻訳であった。

一八七二年以降、東京初の日刊紙「東京日日新聞」(現「毎日新聞」)、「郵便報知新聞」(後に「報知新聞」)など現在の大新聞につながる有力紙が次々と創刊される。また、「峡中新聞」(現「山梨日日新聞」)など地方の主要都市でも相次いで新聞が発行されはじめた。

大新聞と小新聞

これらの新聞は、政治色が強く「政論新聞」と呼ばれ、多くは次々と結成された政党の機関紙化していった。読者は主に旧武士階級や知識人であり、大きな版で組まれていたため「大新聞」と呼ばれた。

一方、町人や女性を主な対象にひらがな中心で漢字には振り仮名をつけ、社会的事件や小説を主な内容とした大衆紙も現れ、大きさが大新聞の半分であったことから「小新聞」と呼ばれた。一八七四年創刊の「読売新聞」、一八七九年に大阪で創刊された「朝日新聞」などである。

明治初期の新聞発行部数は、一八七七年(明治一〇年)で一日あたり全国計で九万二〇〇〇部(最大は「読売新聞」一万八〇〇〇部、次いで「東京日日新聞」八九六〇部)、一八九三年(明治二六年)で一日あたり二九万部(最大は「東京朝日新聞」の三万五〇〇〇部)程度であった。一八七七年、一八九三年それぞれの日本の総人口が三五八七万、四〇八六万であったことを考えれば、新聞の発行部数は現在と比べ極めて少なかった。

明治一〇年ごろの新聞代は、大新聞で月五〇銭から七〇銭、小新聞で月二〇銭であった。当時の大工の一日手間賃が五〇銭(総理府統計局資料、現在二万円程度)であったことからすればけっして安くはなかった。

政論から報道へ

政論新聞が政府批判を繰り返したこともあり、一八八〇年代以降、政府は新聞の弾圧を強化する。八三年には新聞紙条例(一八七五年制定)を改定し、発行保証金制度を設けて新聞・雑誌の刊行を抑制した。そうした中で政党色を脱し、報道を中心として個人的な思想・意見を訴え世論を喚起しようとする新聞が現れた。一八八二年に福沢諭吉が創刊した「時事新報」、八九年に陸羯南が創刊した「日本」、一八九〇年徳富蘇峰の「国民新聞」、一八九二年黒岩涙香の「萬朝報」などである。

政論よりも報道を中心とした新聞は、国民的関心とも合致して次第に発行部数を増加させていく。とくに日清、日露の戦争後には、全国計で一〇〇万部を突破した。

大衆への浸透と影響

明治期、新聞の発行部数は現代と比べ少なかったが、必ずしも一部の人だけが内容に接していたわけではない。いわゆる「回し読み」は当然のこととして、明治初期から公的・私的に「新聞縦覧所」が開設され(明治五年の横浜が最初ともされる)、無料またはごく安価で数種類の新聞を閲覧することができた。

その他、図書館、湯屋、床屋、ミルクホールなどにも新聞が置かれた。また、漢字の読めない人を対象に新聞を読み聞かせる「新聞解話会」も開催された。そのような場で新聞を読み聞かせる人は、オピニオンリーダーとしての役割も担った。

政論新聞がエリート層に与えた政治的態度への影響だけでなく、その後の大衆向けの新聞が庶民に及ぼした影響もけっして小さくはない。

たとえば、日露戦争後のポーツマス条約でロシアからの賠償金が取れないことに不満を抱いた民衆が起こしたとされる日比谷焼討事件(一九〇五年)は、朝日新聞をはじめとする当時の新聞が、民衆に戦果に対する期待を煽り、条約締結前から「講和会議は主客転倒」「桂太郎内閣に国民や軍隊は売られた」「小村許し難し」などの論調で不満を増幅させたことも一因である。

一九一〇年代以降も、いわゆる「大正デモクラシー」の風潮で新聞は憲政擁護運動、民本主義を標榜したキャンペーンを展開するが、これらが普通選挙法(一九二五年)の成立に果たした役割は大きい。

一九一四年には、シーメンス社から海軍高官への贈賄疑惑を報じ(「シーメンス事件」)、第一次山本権兵衛内閣を総辞職に導くなど、新聞が政権に直接ゆさぶりをかけた例も現れた。

また、日本の新聞は早くから「投書欄」を設けていた。「五箇条のご誓文」で「万機公論に決すべし」と唱えた明治政府は、一八七三年には新聞社宛の原稿の送料を無料にしたり、社の前に「投書箱」を設置させたりして新聞社が積極的に民衆の意見をとりあげることを奨励した。各新聞社もこれに応え、投書欄を設け、投書数も増加していった。

投書欄と庶民感情

投書を競う読者も現れ、投書家同士が親睦会を開くなど、現代でいう「オフライン・ミーティング」のようなものもあちこちで開催されたという。もちろん投書家は一部の読者に限定されるが、投書欄や一九〇六年(明治三九年)の「都新聞」(現「東京新聞」)の「人生相談」を最初とする「身の上相談」は、全国規模で庶民感情や倫理観の共有が進む一助となった。

全国紙の普及

アメリカやドイツなどの欧米と比べ、日本の新聞の大きな特長に、早くから全国紙が普及したことがある。ラジオやテレビなどの広範囲に伝播するマスメディアに先立って、全国紙によって全国的な世論が形成されやすくなった。

全国紙の普及を支えたのは「戸別宅配制度」である。戸別宅配は一八七二年創刊の「東京日日新聞」が一八七五年に開始した。これは世界初の試みである。日本新聞協会によれば二〇〇九年の日刊紙の戸別宅配率は九四・七%に達している。また、新聞社が販売価格を販売店に指示し、それを守らせる「再販売価格維持制度」(再販制度)も新聞の普及に貢献した。

しかし、他方で戸別宅配制度は膨大な設備投資、人件費を要し、実質上、新規参入は不可能になる。これが全国的な新聞社の寡占状態をもたらし、多様な言論の封殺にもつながっていく危険をはらんでいた。

戦中・戦後の新聞

こうして拡大してきた新聞も、太平洋戦争に突入すると政府の圧力で一九四二年、統制団体である日本新聞会を設立し、東京、大阪、北九州発行の全国紙やブロック紙を除き、一県一紙制に移行した。前年の一九四一年には宅配制度も統制の一環として政府の共同販売制になった。紙も不足する中、新聞紙等掲載制限令(一九四一年施行)などによる言論統制が激しさを増し、検閲も厳しくなって新聞はやがて政府の戦争推進宣伝機関に堕していった。

一九四五年、第二次世界大戦終了後、占領軍総司令部(GHQ)は新聞統制を廃止した。しかし、一方で検閲を行い、占領軍への批判は許さなかった。新聞社でも戦後、自社幹部らの戦争責任を問う民主化運動が起きたが、占領軍は新聞社の労働組合運動を抑圧した。

また一九五〇年の「レッドパージ」によって新聞各社で計七〇〇人とも言われる新聞人が業界から追放された。翌年には新聞用紙や価格の統制が撤廃され、専売店による戸別宅配制度も復活した。

販売部数の拡大

戦後、新聞の販売部数の拡大は順調で一九四八年に一九三四万部(朝夕刊計)、一九五六年二三四九万部、一九六五年二九七八万部、一九九九年五三七六万部まで伸ばした。新聞は、これまでラジオ(一九二五年放送開始)、テレビ(一九五三年放送開始)といった他のマスメディアの登場・普及によっても、発行部数はまったく影響を受けることはなく、むしろ増加していった。

しかし、一九九九年をピークとして発行部数は低下傾向にあり、二〇一〇年時点では四九三二万部に落ちた。新聞の発行部数が低下する背景にはインターネットの普及という要因が大きい。このことについてはまた後の章で詳しく触れる。

3　ラジオ放送の広がり

世界初のラジオ放送

ラジオの発展には〝無線通信の父〟とも呼ばれるイタリアのマルコーニやロシアのポポフなど何人もの研究者、技術者が関与しているが、世界で最初の〝broadcasting〟(放送)に成功したのはカナダ人のフェッセンデンといわれている。一九〇六年のクリスマス・イヴに自分の無線局から不特定多数を相手にした人声送信に成功した。内容は、ヘンデルのレコード曲や詩の朗読、そして傍受したら連絡をくれというフェッセンデン自身のメッセージであった。

無線通信に音声を載せるのが「ラジオ」であり、当初は「無線電話」とも呼ばれていた。世界で最初の商業的ラジオ放送は、アメリカ・ペンシルバニア州ピッツバーグで開局したKDKAだといわれている。その放送内容は、一九二〇年一一月二日、当日に行われたハーディング対コックスの大統領選の開票結果だった。

日本への導入

日本の無線通信技術の導入は早かった。マルコーニが最初の無線通信公開実験に成功した翌年の一八九七年に早くも逓信省電気試験所の松代松之助が無線通信に成功している。ラジオ放送についても、一九二〇年ごろから複数の新聞社によって実験が行われた。アメリカでのラジオ局開局の報が伝わり、日本でも先見の明のある事業家が、放送施設の許可を逓信省に出願した。逓信省も放送局開設認可の準備を進めたが、出願希望者が殺到し、調整に難航した末、政府は非営利化の方針に転じて一九二四年社団法人東京放送局に設立許可を与えた。

翌年にはさらに大阪放送局、名古屋放送局の設立が認可された。この三局は一九二五年三月から順次試験放送を開始したが、翌二六年には国策として三局が統合され社団法人日本放送協会が発足した。

ちなみに、日本で「放送」という言葉を公文書上で最初に用いたのは三島丸無線電信局長であった葛原顕である。一九一七年、インド洋上で「ドイツの仮装巡洋艦に注意せよ」という発信者不明の送信を受け、逓信省に提出する通信日記に「(かくかくの)放送を受信した」と記載した。

受信料と契約者数の推移

ラジオを聴くには、本放送が開始された一九二五年から「受信料」を支払う必要があった。ラジオ受信機を設置する際、政府管轄の逓信局から「聴取無線電話私設許可書」の発行を受けることが必要で、聴取料を支払う義務を負った。日本はアメリカとは異なり、ラジオ放送に公益性を認め、同時に政治性を予感して民営を排除したのである。この点、後年ドイツでも、ナチスがラジオの宣伝力に注目し、一九三三年に政権を掌握するやラジオ放送協会を国営化し、国民啓蒙宣伝省の管轄下においている。

当初、聴取料は月二円だったがすぐに一円に値下げされた(のち一九三二年には七五銭、一九三五年に五〇銭)。一九二五年当時白米一〇キログラムが三円一一銭(関東農政局資料、二〇〇五年で三五〇〇円)、山手線初乗料金五銭(二〇一〇年一三〇円)であることから感覚的には現在の一五〇〇円から二〇〇〇〇円程度でさほど高額とは思えない。ただし、ラジオ受信機は、国産真空管ラジオで一二〇円と庶民にとってはかなり高価な代物であった。初期にはイヤフォンで聴く鉱石ラジオを使う人が多かったが、それでも一台三〇円程度した。

契約者数は一九二五年一二月末に三局計で約一九万、その後、一九三二年一〇〇万、一九三五年二〇〇万と順調に伸ばした（『ラヂオ年鑑』）。戦前・戦中の契約数のピークは一九四三年の七〇〇万である。契約世帯率にすれば一九二五年末に一・六％、一九三五年一五％、一九四三年で約五〇％となる。戦争に突入して普及率が伸びた背景には、日本放送協会が簡素な作りの統一規格による「放送局型受信機」を認定し、比較的安価な公定価格を設定して普及に務めたことも関係している。

大衆娯楽番組の人気

放送当初は、東京放送を例に取ると、朝九時から昼休み一時間半を挟んで夜九時まで放送が流れた。といっても放送は間断的であった。主な番組としては、放送の最初と最後に天気予報計一〇分、相場情報計六〇分、新聞記事解説が計四五分、夜には講演三〇分、娯楽七〇分の枠が取られ、当初からドラマが娯楽として放送されていた。

ラジオ受信機の普及に寄与したのはドラマやスポーツなどの大衆娯楽番組である。最初のラジオ劇は「大尉の娘」（中内蝶二ほか脚本、出演は井上正夫・水谷八重子他）であった。ラジオドラマには日本放送協会も力を入れたようで、当初から小山内薫、久保田万太郎、里見弴、岸田国士といった著名な文士を制作に巻き込んでいる。

一九二七年には「脚本一本が五百円」を売りにした「五百円ドラマ」を放送した（第一回作品は里見弴作、小山内薫演出の「或る夫婦」）。当時、小学校教員の初任給が四五円の時代である。

また、スポーツでは一九二五年の夏の中等野球大会の試合経過が放送され、一九二七年の夏大会からは一部地域を除いてほぼ全国に中継が始められた。相撲中継も、一九二八年一月場所が中継放送された。放送時間には当然ながら枠があり、時間内に勝負を収めるため、幕内一〇分、十両七分の制限時間が設けられ、同時にこのときから土俵上に仕切り線が引かれた。一九二八年に始まった「ラジオ体操」も人気番組だった。一九二五年にアメリカへ視察に行った逓信省簡易保険局の課長が提案したものという。

戦争とラジオ

一九四一年一二月八日午前七時、「臨時ニュースを申し上げます。臨時ニュースを申し上げます。大本営陸海軍部発表、一二月八日午前六時。帝国陸海軍は本八日未明、西太平洋においてアメリカ、イギリス両軍と戦闘状態に入れり」との放送が流れた。開戦前からラジオ放送は実質的に政府の監視下にあった。一九三六年に設置された内閣情報委員会（一九四〇年に情報局）の指示で軍や内務の情報が厳しく検閲されていた。ニュースの情報源も、統制下にある同盟通信社に限られた。

開戦後は、戦局が悪化した後もしばしば虚偽の大本営の発表を報道し続け、政府のプロパガンダ・メディアに堕した。放送のたびに「皇軍は各地に転戦、連戦連勝、まことにご同慶の至りであります」との東条首相の声が流された。

一九四五年八月一五日、昭和天皇玉音放送で敗戦が国民に知らされることになる。

戦後のラジオ黄金時代

戦後はGHQの管理監督下に置かれ、放送内容は事前に検閲を受けた。そうした中で、戦後映画の第一号「そよかぜ」(一九四五年一〇月一〇日公開)の挿入歌として発表された「リンゴの唄」(作詞・サトウハチロー、作曲・万城目正、歌唱・並木路子、霧島昇)がレコード化される前からラジオで流れ、国民を勇気づけた。

一九四六年に始まった「NHKのど自慢」、一九四七年開始の「二十の扉」(一九六〇年終了)も人気番組となってラジオ人気を高めた。

一九五〇年六月、GHQの指導のもとに電波三法(電波監理委員会設置法、電波法、放送法)が施行され、日本放送協会は社団法人から特殊法人に改組され、また翌一九五一年には初めての民放として名古屋の「中部日本放送」と大阪の「新日本放送」(現「毎日放送」)が放送を開始した。

一九五二年には「女湯をからっぽにした」といわれる「君の名は」が放送された。

戦後一〇年がラジオの黄金時代であった。やがて一九五三年にテレビ放送が開始されると、以降、ラジオは急速にその聴取時間を減らしていく。

全国放送と「日本人」の一体感

ラジオは、ほぼ日本全国に初めて同じ内容を同時に伝えたマスメディアである。最初の全国中継は、一九二八年の昭和天皇即位大礼の模様を伝えた奉祝特別放送であった。というより、これを放送するために、全国ネットワーク網が突貫工事で進められ、工事完成は大礼の前日であった。

アメリカの古典学者ウォルター・オングは『声の文化と文字の文化』で、「声の文化」の特性として、日常生活に密着していること、感情移入が生じやすいこと、闘技的・参加的で人々の関心が集中しやすいこと、などをあげ、そこに加わる者は内部からの共鳴が生じて特別な結束感が生まれる、と述べている。街頭演説や野外コンサートの参加者を見ると現代でもオングのあげた特性はそのまま妥当する部分があるが、ラジオは、空間の制約をとりはらって、電気的で二次的な「声の文化」を生んだ。大礼や高校野球などのイベント、ドラマ、歌曲などを、全国に散らばる国民が同時間に聞くことが「日本人」という一体感を強めるのに寄与したことは容易に想像できる。

新聞は読字能力や基礎的知識という点で一定のリテラシーを要するが、ラジオは言葉が向こうからやってきて耳に入るという点で大きく異なる。もちろんラジオの番組でもニュース解説や講演、講話には一定の知識が前提となる。しかし、ドラマや落語など多くの番組は、口語体の平易な日常言語であって、リテラシーの程度によらず多くの人が等しく文化的恩恵を享受することができた。ラジオは「娯楽」を日常的に各家庭の中に持ち込んだ最初のメディアである。

新聞との違い

さらに、ラジオは家事や身じたくなどをしながら、「ながら」で聞くことができる。このため、一日中何かの家事に追われていた主婦層や身体労働の工員・作業員らも仕事と並行してラジオを聞くことができた。新聞が、リテラシー面でも、閲読できる時間的余裕の有無という面でも、経済的あるいは教養的格差を拡大再生産する特性をもつメディアであるのに対し、ラジオは基本的に誰でも受容できるところから、文化的格差を縮小する方向に作用した。また、ラジオは標準語の普及にも多大に寄与した。

なお、当初は必ずしも時間の区切りで正確に始まる番組が多くはなかったが、次第に九時、一〇時といった定時刻が番組の切り替わる境界となっていった。時計を合わせるのに「時報」を利用する人も多く、国民が正確な時間を認識し、正時感覚を意識するようになったのはラジオの影響である。

4　電話の登場とその影響

電話の発明

実用的な電話は一八七六年、アメリカのグラハム・ベルが発明した。電話実験の際、希硫酸をズボンにこぼし、助手ワトソンに呼びかけた「ワトソン君、こちらに来てくれたまえ。用がある(Mr. Watson, come here, I want you.)」が電話機を通した最初の人声として語り継がれている。同じころ、イライシャ・グレイが同様の発明をしていたが、特許出願の時間がベル側より二時間遅く、特許取得の栄誉はベルに与えられた。

ベルによる電話の発明当時ハーバード大学に留学していた金子堅太郎(後に枢密顧問官)と伊沢修二(後に東京音楽学校長)が発明直後に偶然ベル宅を訪れ、「オイ、金子君聞こえるか」という実験的会話を交わしたという(NTT『電話一〇〇年小史』)。だとすれば、日本語は電話で会話が交わされた二番目の言語ということになる。

ちなみに、英語圏を中心に電話での呼びかけに使われる"Hello"は、ベルの発明の翌年(一八七七年)、エジソンが電報会社社長の友人に手紙で「聞き取りやすいから」という理由で提唱し、一般化したものである。ベル自身は船員がよく使う“Ahoy”を提案していた。

電話の普及当初、欧米では現在のようなパーソナル・コミュニケーションのメディアとしてだけでなく、ラジオ的なメディアとしても使われており、ホテルのロビーなどに置かれた受話器(テアトロフォン)から、劇場の音楽や歌曲が流され、大勢の人がそれに耳を傾ける、といった使い方もされた。ただし、音量・音質に制約があったため、ラジオの普及によって衰退していった。

日本への導入

ベルの発明した電話は一八七七年に二台が輸出第一号として日本に送られた。一八七八年には東京、横浜、大阪で官庁・警察間通信に用いられている。アメリカで電話サービスが開始されたのも一八七八年(最初の加入者は二一人)だから、日本における導入の早さは特筆すべきものである。「からくり儀右衛門」「東洋のエジソン」などとも呼ばれた発明家・田中久重が模倣して「伝話機」を試作したのも同じ年である。

電話業務の運営に関して、日本では渋沢栄一や大倉喜八郎が提唱する民営論と、工部省が推す官営論とで対立したが、一八八九年に官営(逓信省による運営)で決着した。官営論の根拠は、民営では国家機密の保持や地方への迅速な普及、全国一律制の維持が困難、というものであった。欧米の民営主体と対照的であり、結果的に電話の普及が停滞する遠因ともなった。

最初の商業的な電話交換業務は一八九〇年に東京と横浜間で開始された。開始当時の加入数は東京で一五五、横浜で四二であった。料金は定額制で東京市内年間五〇円、横浜三五円(当時の小学校教員初任給が五円)とかなり高額であった。商店では電話を引くより小僧を雇った方が安価、とも言われ、また当時流行したコレラが伝染するとのうわさも流れて、開業当初、一般住民の間ではほとんど加入申込をする者はいなかった。初期の加入者は、大企業、有力商人、新聞社、有力財界人に限られ、政治家でさえ加入していたのは大隈重信、後藤象二郎など数名にすぎない。

遅れた普及

固定電話はその後も、なかなか普及しなかった。一九三七年で電話機普及率は人口一〇〇〇人あたり一七台に過ぎず(全国の加入数九八万)、同時期のアメリカの一四四台、イギリスの五九台、ドイツの五一台などに比べはるかに劣っていた。

第二次世界大戦までの最高加入数は一九四三年の一〇八万台であったが、戦禍により、戦後は四六万台にまで落ちた。一九五〇年以降に普及が進み、一九五五年には二〇〇万台を突破したが、その多くは事業者用であり、一九五五年でも住宅用は一八万台の契約があったに過ぎない。

一般家庭での電話の普及が遅れたのは、電話の架設にあたって官公庁や事業者が優先された

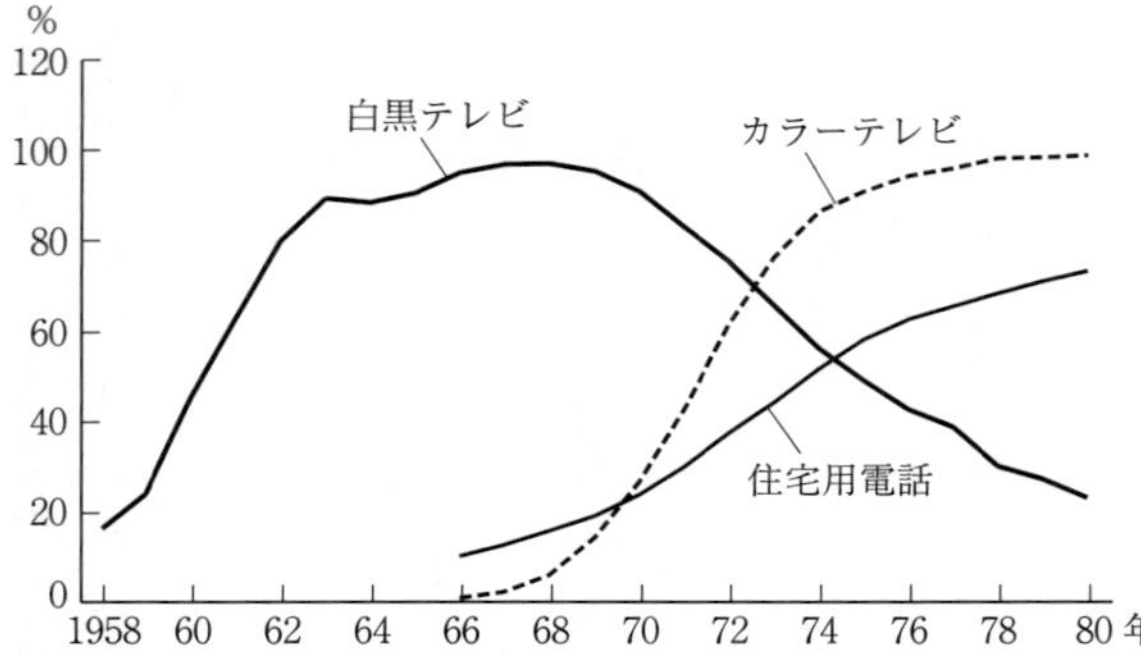

注：テレビは 1963 年以前は人口 5 万人以上の都市が調査対象
出所：テレビは経済企画庁「家計消費の動向」，電話は NTT『NTT データブック』および自治省「全国人口・世帯数表・人口動態表」

図 1-1　住宅用電話，テレビの世帯普及率(1958-1980 年)

からである。架設費用も高価であった。大正期の架設費用で家が四、五軒建ったという。架設費用合計が男子大卒初任給を下回ったのは実に一九八三年のことである。

実質的に日本人に電話が普及したのは戦後、それも一九六〇年代後半以降である。それまで電話は上流階級のステータスシンボルであった。架設の滞り(積滞)の解消はようやく一九七三年になってからであり、世帯普及率が五〇%を突破したのも一九七四年であった(図1-1)。

普及が広まる前は「呼び出し電話」が普通であり、これは早く電話を設置した家に頼んで、電話を取り次いでもらうものである。そのためもあり、多くの家では、電話は玄関先に置かれた。

戦後の電話事業は一九四九年まで逓信省、のち電気通信省を経て、一九五二年に日本電信電話公社に独占事業として移管された。一九八五年に公社は民営化されNTT(日本電信電話株式会社)が発足した。

初期の電話利用の目的

電話事業がはじめから民営化されたアメリカでは、電話は都市部よりも中西部やカリフォルニア州などの農村地帯で普及が進み、広大な土地に家屋が点在する地域では必需のメディアになった。

電話利用の目的も当初は「用件」「緊急連絡」が見込まれていたが、一九〇九年にシアトルで行われた盗聴による調査では、三〇%がうわさ話、二〇%が事業所への注文、二〇%が家庭から企業への電話(多くが妻から夫)、一五%が招待の会話と、かなり初期から日常的な会話が行われていた。

また、電話の登場は、直接的会話の機会を減少させるどころか、逆に電話がきっかけとなって直接的交流の機会も増加することが明らかになった。通信が密な人ほど、親近感を覚え、顔を合わせたくなるのが人間の心情である。場を同じくせずコミュニケーションできることがセールスポイントの電話というメディアは、メディア抜きの直接的コミュニケーションも活性化したのである。

同時双方向的メディア

電話の大きな特性の一つは、空間的隔たりをもった人と人との間で、「同時双方向的」に情報交換を可能にしたことであり、これはメディア史上画期的である。

これまでメディアで「空間的障壁の克服」「双方向性」(たとえば無線電信)といった条件を満たすものは既に存在していたが、「同時性」を兼ね備えたものは電話が初めてである。

この条件が備わったために、圧倒的な臨場感が生まれ、情報の交換効率が飛躍的に高いものとなった。電話の開発当初、通話実験に参加した人々の様子を伝えるエピソードで、当事者が大きな驚きを露わにしているのも、今では想像のつかない画期性があったからだろう。たとえば一八七七年、工部省と宮内省との実験時に電信局長の芳川顕正は「宮内省之に答ふること恰も膝を交へて語るが如し」(石井研堂『明治事物起源』)と驚愕し、先述の伊沢修二は「不思議だ。不思議だ」と絶句している。

同時に、いわば「空間の再配置」が行われた。たとえば「家庭」に、会社空間や友人空間が進入してきた。電話の利用者が、距離的に離れたところにある空間を共有するとともに、一方で隣にいてもそれぞれ異なった空間をもつシーンが出現した。それまで、均質で整然と配置されていた生活空間に、局地的にモザイク状の島があらわれた。

電話の社会的影響

電話の社会的影響に関しては、経済・商業的に大きな変化をもたらしたことは言うまでもないが、庶民レベルでいえば、民間での普及が遅れた日本では、むしろ階層・所得による情報格差を拡大する方向の影響があった。すなわち、政治家や上層階級の間では情報の短期間での共有、独占が可能になり、また株売買や投機においても、電話所有者と非所有者の利益格差が増大した。

ただし、大手新聞社は早い段階から電話を所有し、遠距離間(とくに東京と大阪)で情報を交換するのに大いに寄与しているので、間接的に、国民はラジオと併せて国内情報の共有という利点を享受することができたともいえる(とはいえ、戦前まで新聞社の情報授受の中心は電信であった)。

時間の拘束性

空間の制約を緩和する一方で、電話の効果のもう一つの側面は、時間の拘束性を強めたことであろう。電話というリアルタイムのコミュニケーション手段は、時間の共有も意識させる。自分一人では、いま何時か気にならなくても、コミュニケーションの相手がいれば、自分の時間も相手と相対的なつながりをもつ。相手から「八時から見たい番組がある」と聞かされれば、否応なく私も八時を意識せざるをえない。私の時間は、私一人のものではなくなる。

電話で頻繁に取り交わされる訪問や待ち合わせの約束も、社会的時間の縛りを個人の領域に

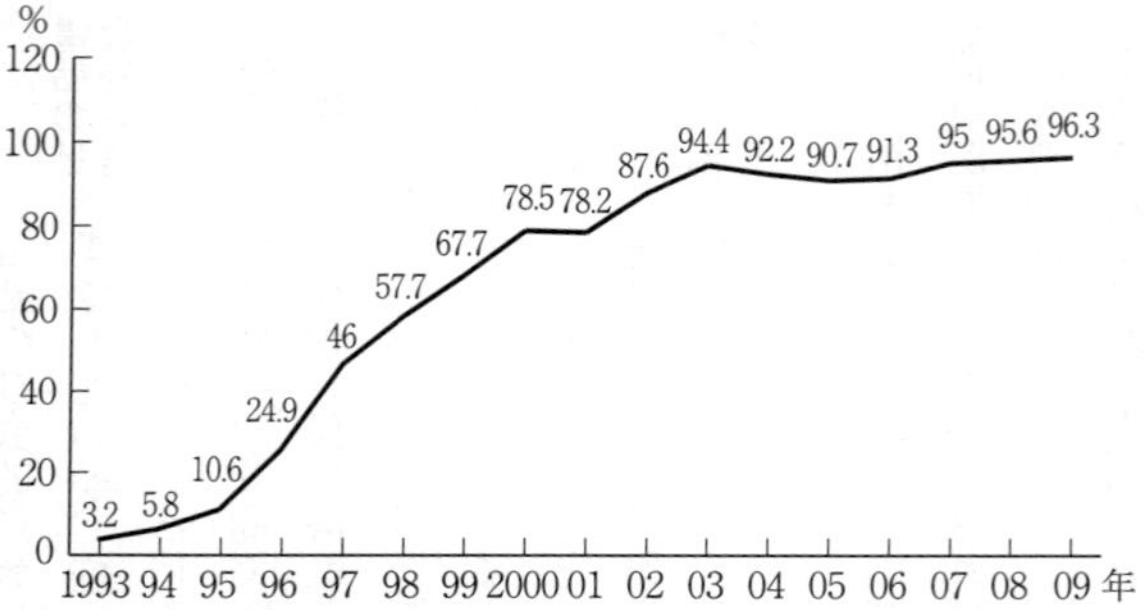

出所：総務省情報通信政策局「通信利用動向調査報告書世帯編」

図1-2　携帯電話の世帯普及率

持ち込んだ。電話が普及してから、時間の制約を受けない突然の訪問はマナーに反したものと見なされるようになった。

携帯電話の登場

電話をめぐっては、一九九〇年代に再び大きな変革期を迎える。携帯電話の普及である。

移動電話の日本での幕開けは一九七九年に開始された自動車電話サービスである。携帯型電話機としては、ＮＴＴが一九八五年に「ショルダーホン」のレンタルを開始している。携帯型と言っても三キログラムあった。一九八七年にはＮＴＴが一般向け携帯電話サービスを開始した。

携帯電話は当初、なかなか普及が進まず、一九九三年でも、世帯普及率で三・二％に過ぎなかった（図1-2）。その大きな理由は経済的コストである。サービス開始当初、加入料金二九万八三〇〇円に加え保証金二〇万円、契約料として月額二万三〇〇〇円が必要だった。一九九〇年代の前半までは、若者の間では、むしろ一九六八年にサービスが開始された「ポケベル」(無線呼び出し)の方が人気があった。

当初、携帯電話市場は地域単位に細分化され、NTTと新電電の二社体制で競争が制限されていたが、一九八八年以降、通信自由化の波に乗って、日本移動通信(現au)など多くの事業者が市場に参入し、市場競争が激化して利用料金が大幅に値下げされた。

普及の本格化

一九九四年四月には、携帯電話はレンタル制から端末売り切り制に移行し、これを契機に普及が本格化する。それまで携帯電話は事業者からの貸与物であったのが、売り切り制の導入により、携帯電話は携帯型音楽プレーヤーなどと同様の、個人が自由に所有する耐久消費財となり、ストラップなどの装飾品で差異化を図る若者が増加した。二〇〇〇年には、携帯電話とPHSをあわせた普及率が固定電話を追い越した。

一九九九年一月にiモードが登場し、インターネット機能が加わった他、カメラ機能、音楽再生機能、さらには「おサイフケータイ」機能、ワンセグなど、次々に付加的機能の装着が進み、多くの人にとってケータイは今や単なる通信機器を超えて、日常生活全般に関わる総合情報メディアとして必要不可欠な物になっている。

携帯電話は、固定電話が我々にもたらした影響の一つの「空間の再配置・モザイク化」をさらに進めた。たとえば、同じ場所にいた人々のなかで、一人に携帯電話がかかってきて話しはじめたとすると、それまでその人が周りの人とともに閉じられた空間として共有していた場(たとえば喫茶店)に、通話者の周りにだけ別な空間、たとえば職場空間や別の友人空間がもち込まれる。同じ場で複数の人が携帯電話を利用しているとすると、隣にいてもそれぞれ異なった空間をもつ光景が出現する。公共の場での携帯電話による通話に多くの人々が不快の念を抱くのは、単にうるさいからというだけでなく、突然、側にいる人が、こちらの見知らぬ異空間を持ち込み、共有していた場から「私」を遮断してしまうという薄気味悪さを感じるからでもあろう。

携帯電話の影響

筆者らが携帯電話普及初期に実施した若年層対象の調査で、携帯電話の通信の相手で最も頻繁にやり取りするのは身近な親友であった。もともと直接的に会って話をする機会の多い相手であるが、携帯電話によって、それらの人々との対面の機会がさらに増加し、それだけではなく、四六時中、彼らと連絡を取り合う状況、連絡がつかなければ落ち着きがなくなる状況が出現した。電話は「心理的隣人」を創出したと言われたが、携帯電話は「心理的同居人」を作り出した。

5　テレビの衝撃

テレビ放送の始まり

テレビが単なる伝送実験ではなく、放送としての実験に最初に成功したのは一九二八年、GE（ゼネラル・エレクトリック）傘下のラジオ放送局WGY社によるものだったと言われる。翌一九二九年イギリスのBBCも実験放送に成功、一九三五年にはドイツが本放送を開始し、一九三六年のベルリンオリンピックの実況中継を行っている。アメリカで商業放送が開始されたのは一九四一年、ニューヨークの放送局WNBTによるものである。

テレビ技術の開発過程で日本人も一時、時代の最先端に位置したことがある。一九二六年一二月に浜松高等工業学校の高柳健次郎が、世界で初めて受像側に電子式のブラウン管を用いて「イ」の字を映し出すことに成功している。このとき送像側では、まだニプコー円板を用いた機械式装置を用いている。送像、受像の両方で電子式を用いたのはアメリカのファーンズワースであり、高柳の実験の翌年である。高柳は日本放送協会技術研究所に移籍し実験を重ねるが太平洋戦争の勃発で研究は中断された。

日本での放送開始

戦後一九五〇年に日本放送協会が実験放送を再開し、一九五三年二月一日、本放送が開始された。受信契約数は、八六六件からスタートしている。同年八月には、民放テレビ局として「日本テレビ放送網」(NTV)が初めて放送を開始した。

NHKの放送第一声は「JOAK—TV、こちらはNHK東京テレビジョンであります」、最初の放送番組は、NHKが尾上松緑らの「道行初音旅」と歌番組「今週の明星」、NTVが東芝提供の「寿式三番叟」(「三番叟」とは天下泰平、五穀豊穣、千秋万歳を寿ぐ人形浄瑠璃の儀式曲。このときは宝塚歌劇団の天津乙女と南悠子が舞った)であった。

当時のテレビ受像機の価格は、国産で一八万円、アメリカ製が三〇万円程度した。国産でも当時の小学校教員初任給(五八五〇円)の約三〇倍であり、庶民にとっては高嶺の花と言われた。日本放送協会の受信料自体は月二〇〇円で、当時ソバ一杯が二〇円であったことから考えてもけっして高くはなかった。

街頭テレビの設置

当初、受像機の売れ行きは遅々としていたが、東京では、テレビ放送に接触した人の数は少なくなかった。というのも、NTVの正力松太郎が音頭をとって、日比谷公園や上野公園、巣鴨、浅草、渋谷など人の集まる駅前に街頭テレビを設置したからである(最終的に設置箇所は関東一円で二二〇カ所)。

最初期の人気番組は野球のナイター、ボクシング、大相撲などのスポーツ中継で、とくに力道山らが活躍したプロレスリングが放送されたときには大変な人だかりができた(後の語り草ともなる力道山・木村政彦対シャープ兄弟の試合放送は一九五四年二月一九日)。日本テレビによる一九五三年一〇月のボクシングタイトルマッチ白井義男対テリー・アレン戦のときには、東京・中野の百貨店丸井では二階の床が抜けて負傷者が出たり、京浜急行品川駅ホームでは人があふれ電車が入構できなくなったりした(大山勝美『私説放送史』)。

キー局開設

NTVのあと、一九五五年に「ラジオ東京テレビ」(現「TBS」)が開局、一九五九年に新たに「富士テレビジョン」(現「フジテレビ」)、「日本教育テレビ」(現「テレビ朝日」)が放送を開始し、現在の東京キー局のあらかたが出そろった。

受像機の普及

一九五五年以降、徐々にテレビの量産体制が確立し、一九五八年には年産一〇〇万台を突破した。とりわけ一九五九年四月一〇日の皇太子ご成婚パレードを見るために、契約者数は急増、その年の末には三四六万件に達し、一九六一年には世帯普及率が五〇%を突破した(図1-1参照)。

テレビが普及し、日本人の自宅での自由時間の消費は、ラジオ中心からテレビ中心に置き換わった。NHK放送文化研究所の国民生活時間調査によれば、一九六〇年のテレビ非所有者のラジオ聴取時間は一二二分であるが、テレビ所有者はテレビ視聴時間が一一四分、ラジオ聴取時間が二四分で、ちょうどそれまでのラジオの聴取時間がテレビ視聴時間に置き換わった形になっている。その後も日本人のテレビ視聴時間の平均は三時間を超えて安定しており、現在でも日本人の情報行動の中心的地位を占め続けている。

テレビの影響

日本人の生活習慣に及ぼしたテレビの影響は甚大である。我々は国内のみならず世界の出来事に関する情報の多くをテレビから得、また消費生活のための様々な知識をテレビCMを通じて獲得している。日常的な会話も、その多くの部分、テレビから提供された情報を共通の背景的知識とすることによって成り立っている。その意味でテレビは日本人の情報環境の均質化を促進した。

そしてその情報は「同時」に享受する。パーソナルメディアで電話が「同時性」を実現した最初のメディアであるとすれば、視覚的マスメディアではテレビが最初である。手紙や書籍、新聞など、文字のメディアは、その内容の個性と分散的な享受によって人々の精神を個別化する。テレビによって同時にできごとの様子を知り、スポーツの経過に接するという体験は、個別化した人々を再び結びつける契機となった。ラジオでも同様のことは言えるが、参入の度合いと臨場感ではテレビはラジオを遥かに凌駕する。こうした結びつきは、その場そのとき限りではなく、時間をおいても持続する。事実、ひところは、我々の交わす会話のかなりの部分が、前日のスポーツの結果であったりドラマであったりした。

結びつきの輪として、マクルーハン（カナダの英文学者、メディア研究者）は地理的境界を持たず、世界の人々が一つにつながる「地球村」を理念的に想定した。しかし、現実には言語や政治（放送行政）の制約で、今でもテレビが人々に紐帯感を抱かせる範囲は国家という壁を越えてはいない。

「主観的現実」の均質化

特定の番組の影響はさておいても、長期にわたってテレビに接触することにより、我々の世界に関する認識、すなわち「主観的現実」は、確実にテレビが提供する情報によって同じ方向にゆがめられる。アメリカのメディア研究者ガーブナーはこのことを「カルティベーション（培養）効果」と呼んだ。

ガーブナーによれば、主観的現実は、メディアが描く「シンボル的現実」（文字情報や映像によって描写される世界）の影響を受けている。とくに接触時間の長いテレビの影響は圧倒的であり、特定の番組の内容というより、漠然とであれ、テレビ視聴の累積効果が我々の世界認識をゆがませる。たとえば、テレビは、現実の発生確率を遥かに上回る頻度で、ドラマや報道などで受像機上に犯罪を描写しており、ガーブナーの研究によれば、テレビを視聴する時間の長い人ほど、この世の中が犯罪に満ちていると認識する傾向にある。

ほかにも、ほとんどの日本人が現地を訪れたことのないアフガニスタンやウガンダといった国のイメージは、大半の日本人において同じであり、それらは直接的にテレビが映し出す像を反映したものである。しかし、現地を訪れたことのある人の中には、テレビが伝える像が、実態とずれているとの感想を持つ人も多い。

テレビによって枠付けされた主観的現実は、国民レベルで均質化していった。

普及初期の影響調査

日本におけるテレビ放送の開始が一九五三年、世帯普及率が五〇%を突破したのが一九六一年であるが、早くも一九五七年と一九五九年にNHK放送文化研究所がテレビの影響に関する調査(静岡調査)を実施している。この時期は、まだテレビを導入していない家庭が五割以上あり、テレビのある家庭とない家庭の比較、さらにはテレビ購入以前と以後の比較が可能となる非常に貴重な調査である。

主に、テレビ視聴による子どもたちの生活行動や読書時間、勉強時間の変化、行動や性格形成への影響がフィールド調査として調べられた。その結果、テレビ視聴によって、勉強時間、読書時間、お手伝いする時間が減少し、いわゆる部分的な時間代替が生じていた。

一方で、社会的活動の時間にはほとんど影響はなく、また内に閉じこもったり、活動性が低下したり、友人から孤立して現実逃避的傾向に陥ったりするといった内向化は見られなかった。この調査結果は、現在でもほぼ同様に妥当する。

家庭生活への影響

家族内でみれば、居間の一角に置かれたテレビを前に映像体験を共有することにより、物理空間的にも精神的にも家族の結束が促進された。いわゆる「一家だんらん」の形成である。

また、ラジオの影響と同様、テレビ放映時間に合わせ、国民の時間はますますシンクロナイズし、業界が採用した一五分、三〇分サイクルのクォーターシステムに合わせ、時間的メリハリ感、七時、八時という正時感覚を刷り込ませた。

精神世界におけるテレビの最大の「功績」は、原初的な視覚的世界を復権させたことであろう。

視覚情報の復権

霊長類は本来、視覚処理の優れた生き物である。ヒトやサルの祖先が「森の生活」を始めたとき、生活空間は三次元に拡大し、木の枝から枝への移動や、木の実、小動物の捕食には、複雑な視覚的情報処理が必要とされた。現に、視神経は約一〇〇万の神経線維を持つのに対し、聴覚にかかわる蝸牛殻神経は約三万本の軸索からなるに過ぎない。アカゲザルの研究によれば、視覚に関連した大脳皮質の領域の総面積は、大脳新皮質全体の約半分を占めるが、聴覚関連の領域は側頭葉上部に限定された五％程度にとどまる(三上章允『脳はどこまでわかったか』)。

しかし、ヒトは進化の過程で、聴覚信号である声のコミュニケーションを発展させた。夜間でも伝達が容易なこと、小さなエネルギーで信号を産出できること、二四時間、脳に負担がかからない範囲で受信可能であること、逃走など他の行為と併用できること、などの条件を兼ね備えていたからである。文字は声を視覚化したもので、視覚動物としてのヒトの特性に十分応えるものではない。

その後、写真、映画などの視覚的メディアを発展させたが、ヒトが、その処理能力において圧倒的優位性を誇る視覚情報を、日常的に十全にメディア上のコミュニケーションに載せることができるようになったのはテレビの登場以降である。テレビの普及以降、雑誌、書籍でも写真などグラフィカルな要素が多用されはじめたことは、テレビが視覚動物的本能を刺激したことと無関係ではなかろう。

テレビと大衆社会

テレビは現実の出来事だけでなく夢をも描く。幸せな家庭、お金持ちの生活、アメリカ人のライフスタイルなど、たとえばドラマを見ながら、人々は現実の自分の生活とはかけ離れた世界を垣間見る。コマーシャルの効果も相まって、洗濯機、冷蔵庫、掃除機などの耐久消費財が、テレビの登場後、急速に日本の家庭に普及していった背景にテレビの役割はけっして小さくはない。テレビとライフスタイルの関連に注目すると、たとえば、現代の日本人のグルメ志向やブランド志向も、経済力の向上とテレビの情報番組の相乗効果が日本にもたらしたものの一つである。

また、テレビは権力・権威を雲の上から引きずり下ろし、庶民との格差を縮小させた。テレビ放送の格好の素材の一つは権力者の犯罪、失態である。たとえば田中角栄が検挙される様子も詳細に映像として報道された。視聴者は石打の刑の見学のように、ソファーや食卓から、かつての権力者に好奇に満ちた冷酷な視線を浴びせる。権力に安住していた政治家も、大衆が評価し、揶揄する対象になった。

政治家の人気度とテレビでの露出時間に強い相関関係があることは今や周知であり、政治家は好んでテレビに出たがる。ワイドショーやバラエティ番組に出演する政治家は、ある意味で芸人であり、視聴者は客である。そのとき大衆は確実に優越的地位にいる。

6　インターネットの浸透

インターネットの開発　インターネットはアメリカ国防総省内に設置された高等研究プロジェクト局(ARPA：Advanced Research Projects Agency)が一九六〇年代に主導的に開発した技術である。そもそもARPAは、一九五七年のソ連スプートニク打ち上げ成功に対抗し一九五八年に立ち上げられた。しかし、後にNASC(大統領に宇宙政策について提言する機関)、NASAと対立し、本来の「宇宙開発」については骨抜きにされた。

一九六二年にARPA情報処理技術部(IPTO)部長にハーバード大学音響心理学研究所出身のリックライダーが着任し、「対話型コンピューティング」「銀河間コンピュータネットワーク構想」を提唱した。さらに後続の部長たちの支援もあって時分割処理システムをつないだネットワーク、いわゆるARPAネットが構築され、その後のインターネットにつながった。一九六九年一〇月から一二月にかけ、IPTOの助成を受けていたUCLAとスタンフォード研究所、UCサンタバーバラ、ユタ大学が接続されたことをもって「インターネットの創始」と呼ぶことが多い。

インターネットの基本思想の形成には、IPTOの歴代部長も含め、文系的要素を強くもつ心理学系の研究者が大きく寄与した。第四代部長のテイラーはMIT電子工学科出身であるが、視覚心理学者ギブソンの影響を強く受けている。インターネットは、リックライダー以来の「人とコンピュータの共生」の思想の賜であり、工学的発想だけでは実現できなかった。

ARPAネットは、一九八三年に基本プロトコルをNCP(Network Control Protocol)からTCP/IP(Transmission Control Protocol/Internet Protocol)に切り替え、これが現在に至るまでインターネットの標準となっている。なお、「Internet」という言葉は、TCP/IPの開発にも関わったヴィントン・サーフとロバート・カーンの一九七四年の論文に初めて登場した。

ARPAネット開発の目的を「核攻撃による中央情報施設壊滅を回避するため」とする説がある。しかし、これは空軍のシンクタンクRANDの研究員ポール・パランが一九六四年に報告書「分散型コミュニケーション」の中で提唱していた「パケット交換方式」が、結果的にARPAネットでも採用されたことを拡大解釈したものであり、当時のARPA・IPTOの助成研究に軍事色は薄かった。

日本への導入　ARPAネットはその後一九八一年に構築が始まったNSF(National Science Foundation)ネットに吸収される形で終焉を迎えた。日本では一九八四年に東工大、慶応大学、東大のモデム接続を端緒としてJUNETが立ち上げられ、これが日本のインターネットの創始となった。

インターネットは当初、研究者間の通信が中心であったが、商用ネットが一九八八年にアメリカ（UUNET, CERFnet）で、一九九三年に日本（JENS, IIJ）で開始された。また、九〇年以降、ネット上の情報にアクセスするシステムとしてWWW（World Wide Web）、それを図示的に閲覧するためのブラウザ（Mosaic, Netscape, Internet Explorer など）がCERN（ヨーロッパ合同原子核研究機構）を中心として開発されインターネットが爆発的に普及するきっかけとなった。

なお、携帯電話を通したインターネット利用の場合、たとえば、@マーク付きのメールの授受は、各キャリアのゲートウェイサーバやメールサーバまでは独自のプロトコルで通信されるが、その先からはTCP／IPでの通信になる。携帯電話によるインターネット・サイト利用は、NTTドコモが世界にさきがけて一九九九年に開始したiモードサービスに端を発し、その後も携帯電話を通したインターネットの利用は日本が最もさかんである。

ネット利用の現状と今後

日本のインターネット利用者は二〇〇九年末の時点で九四〇〇万人に達している。うちブロードバンド回線の利用率は四九％、自宅でパソコンを通して利用する人では八六％に及ぶ（『情報通信白書平成二二年版』）。ブロードバンドの半数はＦＴＴＨ（ファイバー・トゥ・ザ・ホーム。光ファイバーを伝送路として家庭まで直接光通信網を引き込むアクセス方式）である。二〇〇九年にはＵＱコミュニケーションズによるＷｉＭＡＸサービスも開始され、本格的なブロードバンドワイヤレスアクセスが一般化しつつある。

ブロードバンドによって大容量の情報が伝送可能になり、メディア間の融合が加速された。音楽はもとより、テレビ放送も一般の人々が撮影した動画も、インターネットを介してやりとりされるようになってきた。メディアやインターフェースの違いを意識することなく、様々な情報を「シームレス」に享受できる時代の幕開けである。

ところが現在、一つ大きな問題が浮上している。ＩＰアドレス（ネットワークにつながるコンピュータの一台一台に振り当てられた識別番号）の不足である。これまでのシステム「ＩＰｖ４」では、四三億個のアドレスが用意され、これはおおよそ地球の人口に匹敵する数であったので十分だと思われていたが、一人が何台ものパソコンからインターネットにアクセスし、またパソコンに限らず様々な電気製品からでもアクセス可能な時代になり、ＩＰｖ４が提供するアドレス数では将来不足することが見込まれている。

これに対処するため、現在ＩＰｖ６が開発されている。このシステムではアドレス数の枠がほぼ無限とも言えるほど拡大し、また高度な認証が可能なため、ｖ４からの移行が検討されているが、プロトコルの変更を伴い、ソフトウェアや接続機器にも大幅な追加投資が必要とされるため、完全移行にあたってはいくつかの課題が残されている。

インターネットの特性

インターネットは人間のメディア発展史上、電話やテレビと同等、あるいはそれ以上に画期的である。なぜなら、まず、文字、音声、静止画、動画という、ヒトがコミュニケーションに駆使している聴覚、視覚的情報をほぼすべてやりとりできる。それに伴い、新聞、雑誌、電話、映画、ラジオ、テレビといったこれまで人が発展させてきたメディアが提供してきたものと同等の情報が、ほとんどすべて受発信できる。

第二に、インターネットによる情報は一方向的でなく、双方向的に、かつ一対一でも一対多でも自由に授受できる。さらに情報はサーバやパソコンのハードディスクなどに保存できる。

第三に、ラジオ、テレビは公共的情報資源を利用するため、国家等の「制度」から発信の制約を受けるが、インターネットでは原則的にそのような制約を受けず、個人が自由に情報発信できる。技術的には、プロトコルを規制することで、行政制度による管理も可能であったが、幸いにして一部の地域を除いて原則的には国家の規制を受けず、技術者主導の分散管理システムに委ねられた。ラジオやテレビの場合には、情報の授受にあたって「制度」とリンクした行政地域、さらには国家という空間的な障壁が現実に存在しているが、インターネットの場合にはそれらが取り払われた。

第四に、新聞、ラジオ、テレビといったメディアの場合、そのコンテンツの制作や配給システムに膨大な資本力を必要とするのに対し、インターネットはそうした大きな資本力を必要とせず、その気になれば、個人の一台のパソコンから自分の意見や心情、制作作品などを世界中の半無限の人々に発信できる。また、情報の受容についても、新聞や雑誌のようにパッケージごとのコストやテレビ受信料のようなものはいらず、多くの情報、コンテンツが実質的に無料で享受できる。

このような特性から、インターネットは、メディア発展史上、文字の発明以降、最大級の社会的影響を与えるものであり、現実に我々の産業形態、生活を大きく変えつつある。

また雑誌、書籍、新聞、テレビなど既存のメディアのあり方にも変化が生じ始めている。これまで、日刊新聞、ラジオ、テレビなどの登場と普及は、それまでに存在したメディアを壊滅させることなく、むしろ共存の関係にあり、相乗効果的に発展してきた。しかし、インターネットは、既存メディアの存在自体を脅かす潜在的破壊力をもっている。

情報環境の個別化

テレビは人々の主観的環境を均質化する方向に影響をもつメディアであった。画面上で展開されるシーンは、都市で見ても農村部で見ても同じであり、同じ番組を見る限り、大人も子どもも同じものを見るからである。テレビによって、子どもは容易に大人の世界を垣間見られるようになった。情報環境という意味では、テレビは大人と子どものギャップを埋めた。

インターネットも、原理的には誰でも同じコンテンツに触れることができる。「子どもが大人の世界を垣間見る」という点では、テレビの場合以上に「禁断の世界」すらのぞき見る子どもが出てきた。

しかし、テレビから送られてくる情報は限られており、少なからぬ時間、多くの番組を家族が一緒に視聴するのに対し、インターネットの情報量は無限に近い。その情報にパソコンや携帯電話を通して様々な場所でアクセスするから、単独で接触する機会が多い。結果的に、受容するコンテンツは一人一人バラバラである。インターネットは、人々の話題を拡散する方向に作用する。また、メールやSNSともなると、家族の間でも、そのやりとりの相手、内容はお互い知ることはなく、もとより会話が少なく紐帯感が低い家庭においては、家族の結びつきがさらにバラバラになる可能性もある(このことは3章で検討する)。

インターネットには、家族や同世代の仲間の絆を強める働きがある反面、家族や世代内のつながりの中に、モザイク化した多くの孤島を作り出してしまう危険性をはらむ。

インターネットは、ほとんどコストをかけず、誰でも直接大衆に自らの表現物や意見を提供できる。実際、これまでにあり得なかったプロセスで、いくつもの作品が若者らの間で評判を得たり、ブログ発の、単なる一市井人の主張がネット利用者の多数から支持されたりしている。

インターネットの課題

従来は、既成の文化装置(出版社や音楽プロダクションなど)の選別を受け流通経路に流され、主張や思想であれば、既存のマスメディア的権威(新聞社や出版社、放送局など)の編集を経て初めて大衆の目にさらされていたものが、それらを通らず世に送り出されることが可能になった。ネット発信の産物が受け入れられるか否かは、既存のマスメディア的権威ではなく、直接「ネット利用者の嗜好」に委ねられる。こうした新しいプロセスは、専門家集団として、その地位を保っていた既成のプロやマスメディア組織の権威の根底を揺るがすものである。

また、政治家がテレビを通さず、直接YouTubeや動画中継サービスで意見を表明したり、企業や政府の機密を公開するウィキリークスが登場するなど、新しい情報の流れが形成されようとしている。

インターネットの場合、そうした情報は、基本的に利用者のアクセス数で評価されることが多い。しかし、テレビにおいて、視聴率が番組の質の指標になるものではなく、場合によっては低俗化を促す側面があるのと同様、アクセス数や検索での上位表示は、内容の質を保証しない。また、ウィキペディアのような「衆知」は必ずしも「叡智」とは限らない。既成のマスメディア的権威は、玉石から玉を拾い出し、さらにそれを磨きあげる機能も担っていた。

新しいネット文化に求められるのは、一つにその真贋や質を評価する新たなシステムの構築である。しかし、そのシステムすら、ネット上ではシステムを熟知した少数のデマゴーグが操作するものに堕しかねない。とくに「空気を読む」ことが何より大事とされるような日本にあっては、異端、少数派も排除・軽視せず、それを支持する意見が抑圧されない風土の再構築と、大勢に流されない個々人の鑑識眼の育成が喫緊の重要課題であろう。もっとも、これはメディアの問題とは次元を別にする文化そのものの問題である。

2章　メディアの利用実態はどう変わったか

——一九九五年〜二〇一〇年

1　メディア激変の一五年

前章では、新聞、テレビ、ラジオ、電話、インターネットといった、生活の中心を占めるメディアについて、その登場と影響について日本の状況を中心に概観した。登場した年代はそれぞれ異なるものの、今やそれらのメディアは、日本人の生活に完全にとけ込んだものとなっている。

情報メディア環境の激変

では、そうしたメディアは、現在、どの程度の時間、実際に利用されているのか。また、近年、インターネットによって情報メディア環境が大きく変化したと言われるが、ここ十数年において、それらのメディアの利用実態にどのような変化があったのか。

一九九五年以降の一五年間、新しいメディアの登場で我々の日常生活やコミュニケーションにも大きな変化が生じた。一九九五年にはWindows 95が発売され、以降、パソコンが家庭でも広く普及した。サービス開始当初は普及がなかなか進まなかった携帯電話も、一九九八年に世帯普及率が五〇%を突破した。インターネットも二〇〇〇年に利用率が約二五%に達してから、家庭での利用が活発化した。この一五年間の情報環境変化は、これまでの人類のメディア発展史上でもおそらく破格のものであろう。

「日本人の情報行動調査」

東京大学情報学環・橋元研究室では一九九五年から五年ごとに日本人の情報行動の実態を量的に把握する調査を実施している。本章ではその「日本人の情報行動調査」のデータを中心に、一九九五年から二〇一〇年にかけての主要メディアの利用実態の変化について考察する。

各メディアごとに、主に「利用時間」と、調査当日にどのくらいの割合の人がそれぞれのメディアを利用したかを示す「行為者率」という観点から記述し、同時に、ＮＨＫ放送文化研究所など他の研究機関、日本新聞協会などの業界団体、あるいは官公庁などのデータも適宜参照することで、より多角的にメディアの利用状況を明らかにする。

なお、「日本人の情報行動調査」の有効回答数は約一〇〇〇から二〇〇〇の規模である。現在、新聞社やテレビ局が実施している世論調査は、電話によるものが主流で、有効回答数が一〇〇〇前後であるのと比べると、住民基本台帳によって調査対象者を無作為抽出し、調査員が直接訪問した上で実施する我々の調査の信頼性はかなり高いものといえるだろう。

▼「日本人の情報行動調査」の概要

調査は「質問票調査」と「日記式調査」からなり、「質問票調査」ではメディア機器の所有状況や情報の入手元、諸メディアへの信頼度、インターネットの具体的利用内容などに加え、日頃の行動習慣や心理傾向なども質問している。

「日記式調査」は二日間にわたって、「いた場所」「主な生活行動(睡眠、身じたく、飲食、移動、仕事、勉強など)」をもれなく記入した上で、三六項目(二〇一〇年調査)にわたって実際に行った「情報行動」をチェックしてもらう形式になっている(記入枠は一五分ごとが基本であるが、情報行動については、一〇分未満の行動の場合もマークしてもらい、その枠については五分として計算処理する。巻末の「日記式調査票の記入例」参照)。

メディアの利用が「ながら」の場合、複数の行動を並行してチェックしてもらった。また、「主な生活行動」は情報行動とは別の欄で二四時間切れ目なく記入することを求めており、たとえば「主な生活行動」欄では「仕事」となっていて、情報行動で「パソコンで作業」がマークされていた場合、「パソコン作業」の「目的」が「仕事」であったとして解釈される。

「情報行動」は、二〇一〇年調査の場合、「テレビ」「携帯電話」「パソコン」「印刷物」「オーディオ」「人との会話」「その他」といったメディアごとの大枠のもとに、「パソコン」であれば、「メールを読む・書く」「サイトを見る」「作業をする(Wordなどでの文書作成、Excelなどでの計算)」などのように小項目に細分されている。

なお、「日記式調査」は、一九九五年以降、情報行動について、項目の選択や記入の方法に若干修正を加えている。二〇〇〇年調査までは情報行動を「主行動」と「副行動」に分けて記入してもらっていたが、本書では、二〇〇五年調査以降にあわせるため両者の合計数値を用いた。その他、データの詳細な分析方法などについては、『日本人の情報行動一九九五』『同二〇〇〇』『同二〇〇五』(いずれも東京大学出版会)を参照していただきたい。

各回の調査対象者数等は次の通りである。

一九九五年　有効回収数一〇二五票
　　　　　　調査対象者は全国一三歳―五九歳の男女(この回に限り六〇歳未満)
　　　　　　日記式調査対象日三月一三日(月)―一四日(火)
二〇〇〇年　有効回収数二〇一七票
　　　　　　調査対象者は全国一三歳―六九歳の男女(以下、同じ)
　　　　　　日記式調査対象日三月一三日(月)―一四日(火)
二〇〇五年　有効回収数二〇二九票

日記式調査対象日三月七日(月)—八日(火)

二〇一〇年　有効回収数一四七八票

日記式調査対象日六月一日(火)—三日(木)、六月八日(火)—一〇日(木)

のいずれかの連続する二日

いずれも住民基本台帳に基づく層化二段無作為抽出により、調査員の訪問留置法で実施。なお、二〇一〇年調査およびそれを補足するいくつかのグループインタビューは電通総研との共同研究として実施した。

2　テレビ

視聴時間の変化

一九九五年から二〇一〇年までのテレビの視聴時間の推移を年齢層別にみたものが図2-1である(本章の「日本人の情報行動調査」に基づく図のデータは、巻末の資料に掲載した)。

視聴時間の全体平均では一九九五年から二〇一〇年にかけて微減であるが、「テレビ離れ」

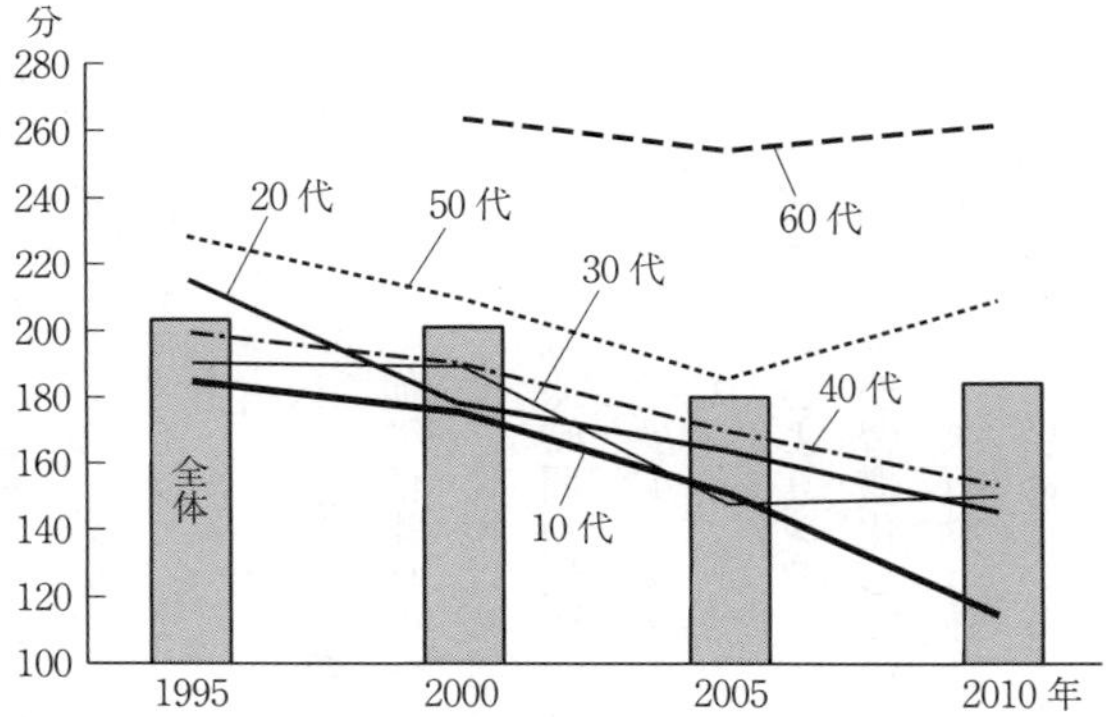

出所：「日本人の情報行動調査」，以下，本章で出所表記のない図表はすべて同じ

図2-1　テレビ視聴時間

と言われるほどの減少ではない。しかし、年齢層別にみれば、五〇代、六〇代はあまり変化がないものの、四〇代以下の層では一貫して減少しており、とくに一〇代の減少率（一九九五年一八三・五分から二〇一〇年一一二・九分へ）が大きい。

この背景に二〇〇〇年以降、普及が本格化したインターネットの利用があることは疑うまでもないが、インターネットが直接的にテレビ視聴時間を侵蝕しているわけではない（このことについては終章で検証結果を紹介する）。若年層を取り巻く情報環境の多様化が、結果的にテレビ視聴時間の減少をもたらしたと考えるのが妥当である。

在宅時間に占める視聴時間　二〇一〇年調査の結果から、年齢層別に在宅時間のうちテレビ視聴時間が占める割合を示したものが図2-2であるが、年齢が低くなるにつれ、一貫してその比率が低下している。若いほど、テレビゲームやマンガ、ネット動画など、テレビ以外に利用する情報メディアも多く、また勉強もしなければならない。要するにやることが山ほどある。実際、一〇代は自宅でパソコンによるインターネット利用が一一・八分、携帯によるインターネット利用六六・〇分、ゲーム(機器問わず)二七・六分、音楽プレーヤー再生二六・〇分など、上の年齢層に比べ、他の情報行動への時間配分が多い(もちろん「ながら」も多い)。

年々、情報メディア環境は複雑さの程度を増していき、若年層ほど行動パターンが多彩である分、テレビに割く時間の比率が減少するのである。

行為者率

一日のうちにどれだけの割合の人がテレビを見たか、すなわちテレビ視聴の「行為者率」(図2-3)をみてみると、若年層でも視聴時間ほど単純な減少傾向はみられない。テレビは、もとよりメディアの中で最も行為者率が高く、一日に一度以上はスイッチを入れる、という行動が習慣化している人が多い。また、専念して見なくても、いわばBGM的に、あるいは他のメディア行動と並行して、スイッチをオンにしている場合も多く、そのことが行為者率の減少を踏み留めていると考えられる。

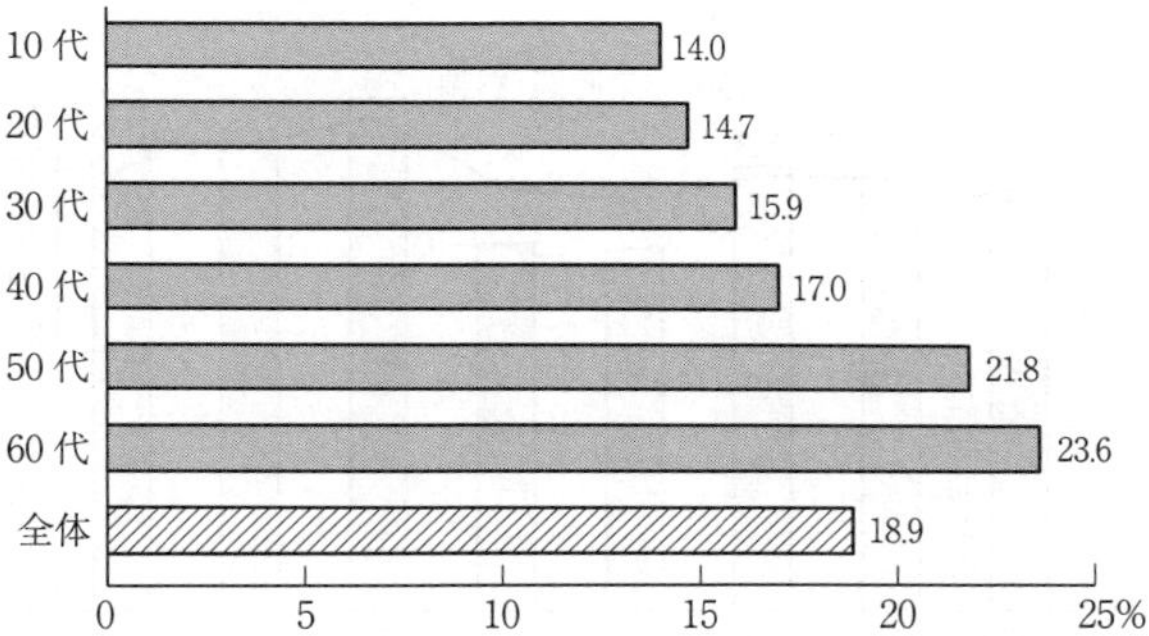

図 2-2　在宅時間に占めるテレビ視聴時間の割合

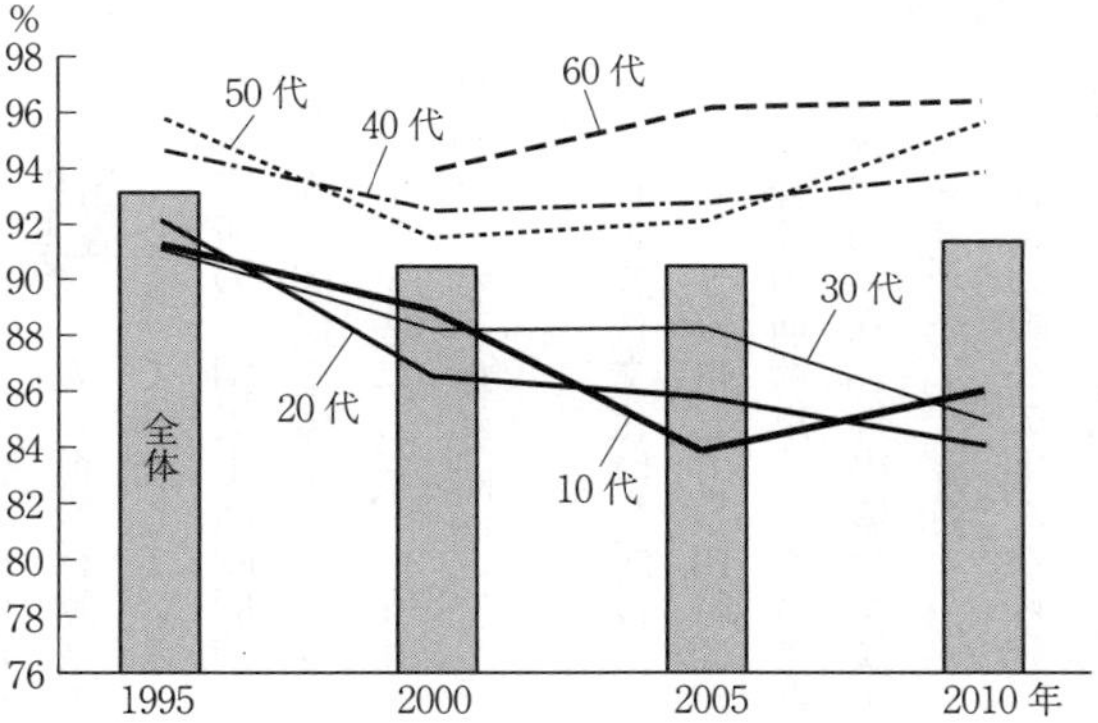

図 2-3　テレビ行為者率

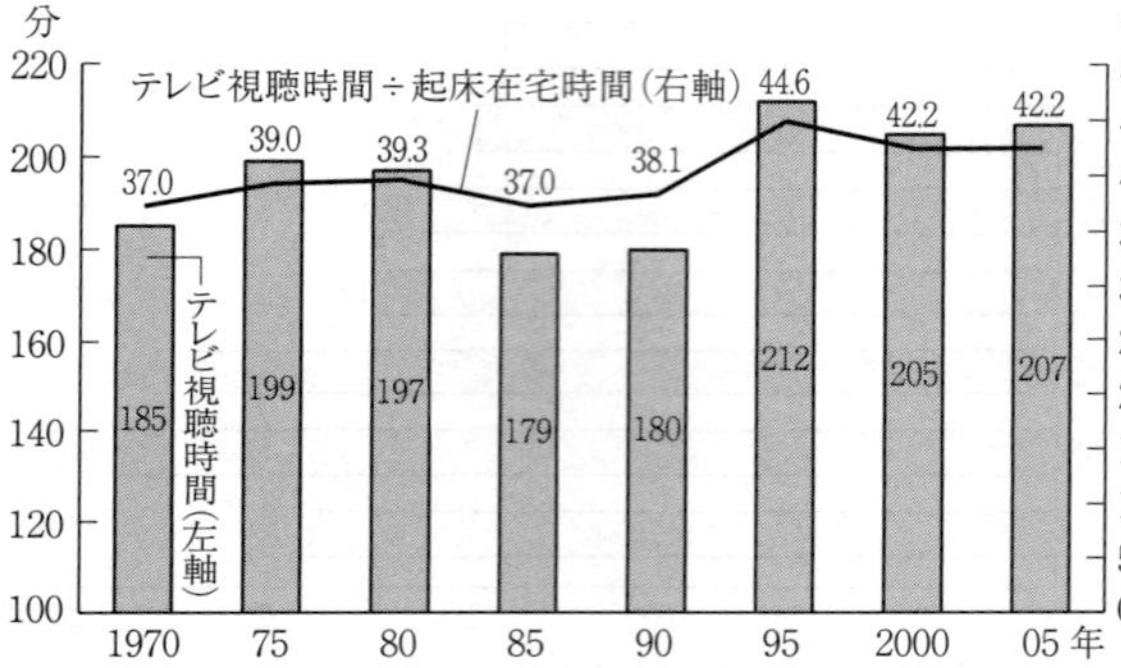

注：NHK 放送文化研究所では，1995 年以降，調査方式に変更があり，
90 年以前の調査結果とは直接比較はできないとしている
出所：NHK 放送文化研究所「国民生活時間調査」より作成

図 2-4　テレビ視聴時間と，起床在宅時間に占める比率

「国民生活時間調査」

日本人の生活行動について、「日本人の情報行動調査」と同様に日記式で調査しているものにNHK放送文化研究所の「国民生活時間調査」がある。この調査でも、国民全体（平日）では、一九八五年から一九九〇年を底にして、一九九五年以降二〇〇五年にかけテレビ視聴時間はさほど減少していない（図2-4）。

NHK放送文化研究所は、その背景として、週休二日制が浸透して自由時間が増加し、一方でバブル経済の崩壊以降、景気の低迷によってレジャー費が削られ、外出機会が減少したことをあげている（『日本人の生活時間・二〇〇五』）。

NHKの調査データから分析すると、起床在宅時間（起床かつ在宅している時間）がテレビ視聴時間を規定する大きな要因になっており、視聴時間は起床在宅時間の四〇％前後である。一九八五年、九〇年には好景気からか、勤労時間や外出機会が増え、在宅時間が減少し、テレビ視聴時間も減った。しかし、一九九五年以降、在宅時間が再び増加に転じ、その結果、テレビ視聴時間が再び増える傾向にある。

年齢の影響

ＮＨＫ放送文化研究所のデータでテレビの全体平均視聴時間は減少する気配は感じられないが、ここで注意すべきは年齢の影響である。

テレビは年齢と大きな相関をもち、高年齢になるにしたがい視聴時間が長い（図2-1）。この傾向はＮＨＫ放送文化研究所の調査でも同様である。老齢人口指数（六五歳以上を一五歳から六四歳までの人口で割った比率）は一九六〇年代から一貫して増加傾向にあり、二〇〇九年には二九・四％に達している。調査対象者は年齢分布の実勢に比例して抽出されるから、当然、調査対象者中の高齢者比率は、調査年が現在に近づくにつれ増す。その分、テレビ視聴時間の「全体平均」は高齢者の視聴時間が一層大きく反映される。これが、経年比較で調査対象者全体平均のテレビ視聴時間が減少しない背景である。

「国民生活時間調査」の場合、調査対象者のうち七〇歳以上が一五％も占めており（二〇〇五年調査）、六九歳以下が調査対象の「日本人の情報行動調査」の方が視聴時間の全体平均は低く出る傾向がある。

日本人のテレビ視聴の特徴

一九七〇年以降、日本人のテレビ視聴の特徴について、NHK放送文化研究所の調査結果なども合わせてみれば、次のことが指摘できる。

まず、七〇年代以降、個人間のテレビ視聴時間のバラツキ(分散)が一貫して拡大している。つまり、テレビを長時間見る人とあまり見ない人に分化してきた。

第二に、番組ジャンル別にみれば、視聴番組における「娯楽」の比重が低下傾向にあり、テレビが単に娯楽のための媒体から、社会情報を知るための媒体に変化してきた。このことは社会情報の認知に関して、「新聞」からの代替が進んだのと同時に、純粋娯楽の手段が他の情報メディアに移行していることを示している。

世の中を知るメディア

社会的出来事を最初に知る媒体としてテレビは、既に一九六二年に新聞を凌駕した(読売新聞社調査)。その後も、視聴される番組ジャンルで「娯楽」の比率は六〇年代から低下傾向にあり、それにかわって「報道」「教育・教養」の比率が増加している。

「日本人の情報行動調査」で「いち早く世の中のできごとや動きを知るメディア」について、六つのメディアから選択してもらった結果が図2-5である。テレビは、二〇〇〇年以降も、報道の速報性の面において揺るぎない地位を保っている。年齢層別にみた場合でも、インターネットの利用が最も活発で、かつ最も肯定的に評価する傾向がある二〇代ですら、まだインターネットはテレビに追いついていない（テレビ五一・四%、ネット四四・四%）。

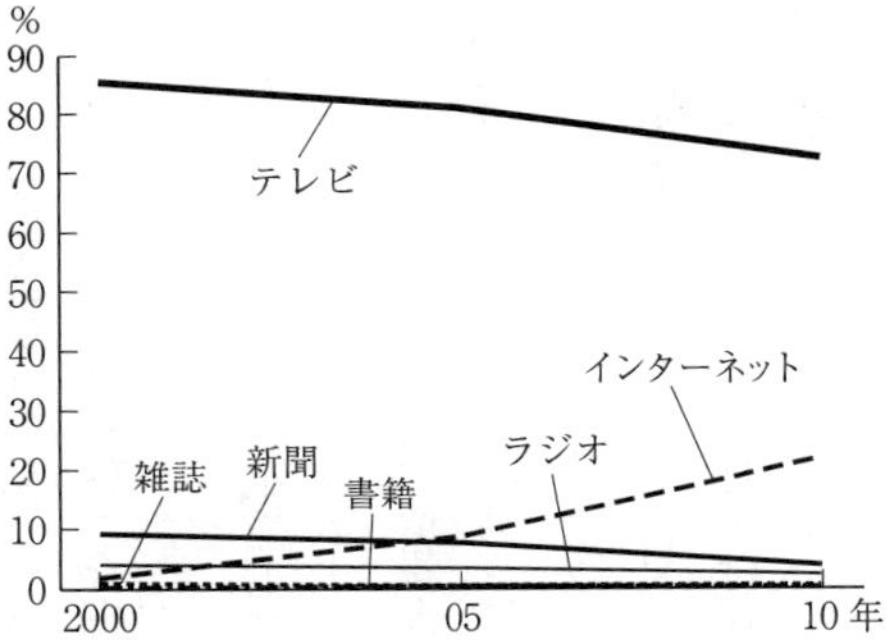

図 2-5　いち早く世の中のできごとや動きを知るメディア

二〇〇八年に筆者が放送倫理・番組向上機構（BPO）の青少年委員会委員であった際、東京都内在住の一六歳から二四歳までの男女三二一人を対象にテレビ番組視聴の調査を実施した。ちょうど調査実施期間（一一月一〇日―一六日）直前に「アメリカ大統領、オバマ氏に決定」というニュースが報じられたが、その出来事を知った最初のメディアを尋ねた結果、テレビが七二・七%で飛び抜けて比率が高く（他のメディアで多かったのは「携帯ネット」七・四%、「パソコンネット」一三・二%）、テレビの存在感が改めて確認された。

視聴チャンネルの分散

視聴の特徴の変化の三点目は、放送局の増加とも相まって接触チャンネル数が増加し、分散する傾向が見られることである。同時に特定の番組への集中率も低下した。たとえばNHKの「紅白歌合戦」を例に取れば、一九七〇年七七・〇%、一九八〇年七一・一%、一九九〇年五一・五%、二〇〇〇年四八・四%、二〇一〇年四一・七%(関東地区、九〇年以降は第二部の数値)と、年とともに低下している。「紅白歌合戦」に限らず、視聴率上位の番組の絶対的数値は低下傾向にある。つまり、テレビというメディアの内部でも多様化が進行しつつある。

テレビの効用

テレビには、情報入手以外に多くの効用がある。たとえば、漠然とした世論を察知し、世の中の動きに遅れないようにすることである。インターネットは、自分から特定の情報にアクセスする能動的姿勢のメディアであるので、そこから知りうる「世論の雰囲気」はむしろ自分独自に編集している可能性が高い。総花的に様々な情報を送信してくれるテレビは、日本全体の動静のみならず、様々な争点に対する大まかな国民的感情を知る最高のメディアである。

もちろん、その内実は必ずしも実態をそのまま反映しているわけでもないが、少なくとも自分以外の多くの人も、テレビからそうした雰囲気を体得している以上、テレビを見ないでいれば、周囲との調和がとれない場合がある。

また、明確な目的を持たずに視聴し、安らぎや癒しを得るという効用、いわば気晴らしのメディアとしての役割である。この効用は自分から積極的にサイトを選択していかなければならないインターネットでは得にくい。将来的にはインターネットが、利用者の個々の嗜好、ニーズに関する情報を収集し、それに合った情報を送りつけてくる、いわばパーソナライズされたネット世界が展開されることが予想され、現実にも、そういった試みが始められている。しかし、その場合、人は心の内側まで見透かされているような、ある種の気味悪さを感じてしまうだろう。

また、テレビは、他者に自己投影して、いわば「代理体験」を味わえるメディアである。それは、端的にドラマや視聴者参加番組を見ることで経験することであり、また旅行番組、グルメ番組などでも同じような気分が味わえる。

テレビというメディアを機能でみた場合、その有用性はほとんど低下していない。

3　新　聞

新聞の発行部数

新聞の年間の発行部数（一般紙とスポーツ紙の合計）は、一九九九年をピークに、この一〇年で徐々に減少し、総発行部数は五〇〇〇万部を下回った。また、一世帯あたりの部数も二〇〇八年に一部を切った(図2-6、日本新聞協会調べ)。アメリカにおいては、さらに販売部数の低下傾向は著しく、有料日刊紙総発行部数が一九九〇年代に六〇〇〇万部を超えていたものが二〇〇七年には五〇〇〇万部を下回っている。

売上高の推移

また、新聞の総売上高は、年ごとの変動はあるものの、総じて二〇〇〇年から低下傾向にあり、二〇〇九年は二〇〇〇年に比べ二一%減少している(図2-7)。また、総売上高を一〇〇%とした場合の、販売収入、広告収入、その他の収入の構成比率をみてみると、一九九九年から二〇〇九年の一〇年で広告収入の比率が三四・二%から二三・九%に低下し、その分、販売収入の比率が五二・二%から六〇・四%へと増加している。「その他の収入」の一部には電子化によるもの(電子版の契約料など)も含まれるが、特定の新聞社を除けば、その内訳はごく一部にすぎない。

アメリカの新聞の場合、広告収入比率が八〇%を超え、一方、日本の新聞は相対的に広告収入より販売収入が高い傾向にある。その大きな要因は、日本では戸別配達制度が発達し、宅配率が約九五%と極めて高率を保っていることにある。

広告収入は景気の影響を直接的に被る。ニューヨーク・タイムズやロサンゼルス・タイムズなどアメリカの大手新聞社は軒並みに赤字を計上し、買収される新聞社も出ているのに対し、

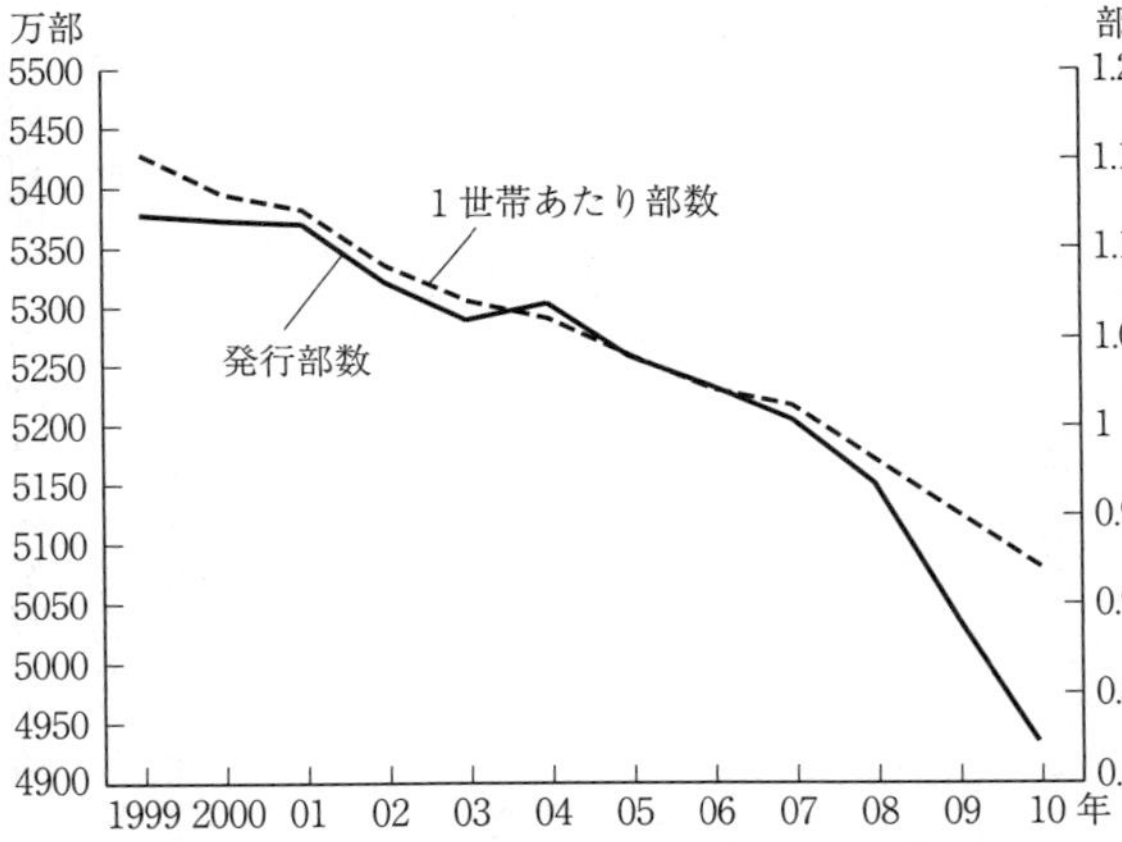

注：発行部数は朝夕刊セットを1部として計算
出所：日本新聞協会

図 2-6　新聞の発行部数

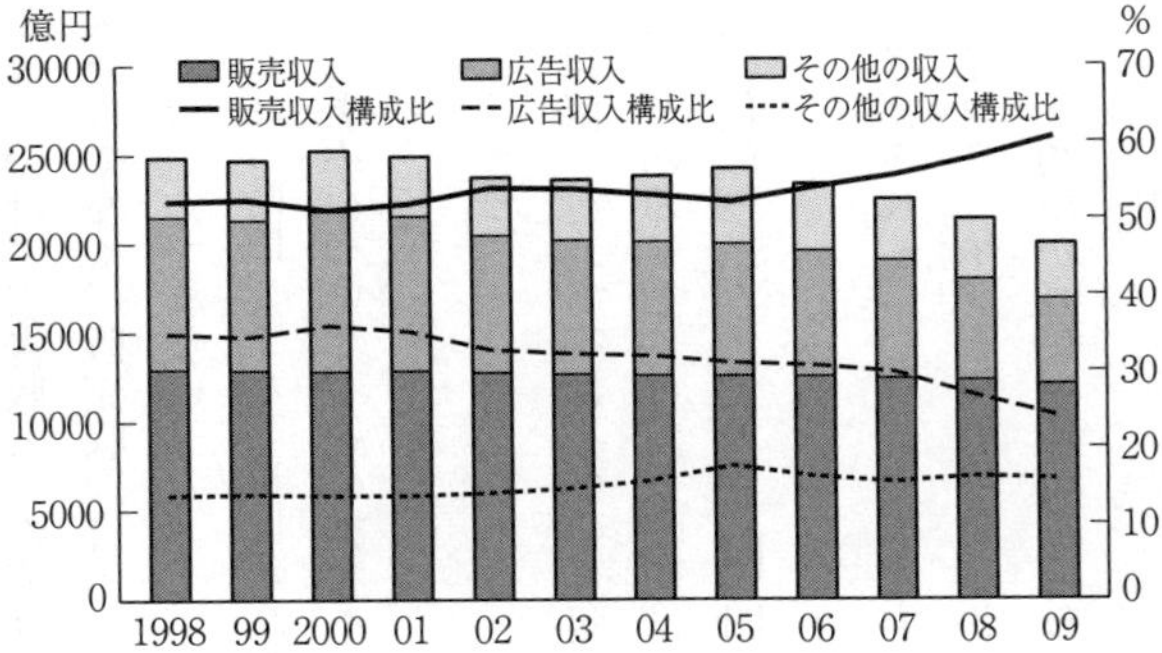

注：2002年度以降，調査期間を暦年から年度に変更
出所：日本新聞協会

図 2-7　新聞の総売上高(棒グラフ)と，収入内訳の構成比

日本の新聞社がそれほど営業収入の落ち込みが激しくないのは、広告収入への依存度がアメリカほど高くないことが一因である。しかし、広告収入だけでなく、販売収入自体も減少しており、長期的にみて日本の新聞業界も衰退傾向にあることは否定できない。

閲読時間の変化

「日本人の情報行動調査」から一日に新聞を読む時間、また一日にどれだけの割合の人が新聞を読んだのか、すなわち新聞行為者率について、その推移を示したものが図2-8、2-9である(二〇〇〇年が欠落しているが、これは調査日のうち一日が新聞休刊日に当たってしまい、データがいびつなため除外したことによる)。

ここからわかるのは、新聞を読む時間は一九九五年以降、行為者率は二〇〇五年以降、年齢層に関係なく、全層で同程度に減少しているということである。とくに読む時間は三〇代で一九九五年の二四・五分から二〇一〇年の八・九分に、四〇代は三二・二分から一四・四分へと激減した。

この背景としてやはりインターネット利用の影響が考えられる。しかし、後述するように二〇〇五年から二〇一〇年にかけては一〇代、二〇代のインターネット利用時間はさほど増加しておらず、少なくとも若年層については、必ずしもネット利用が直接、新聞を読む時間を奪っているわけではない。

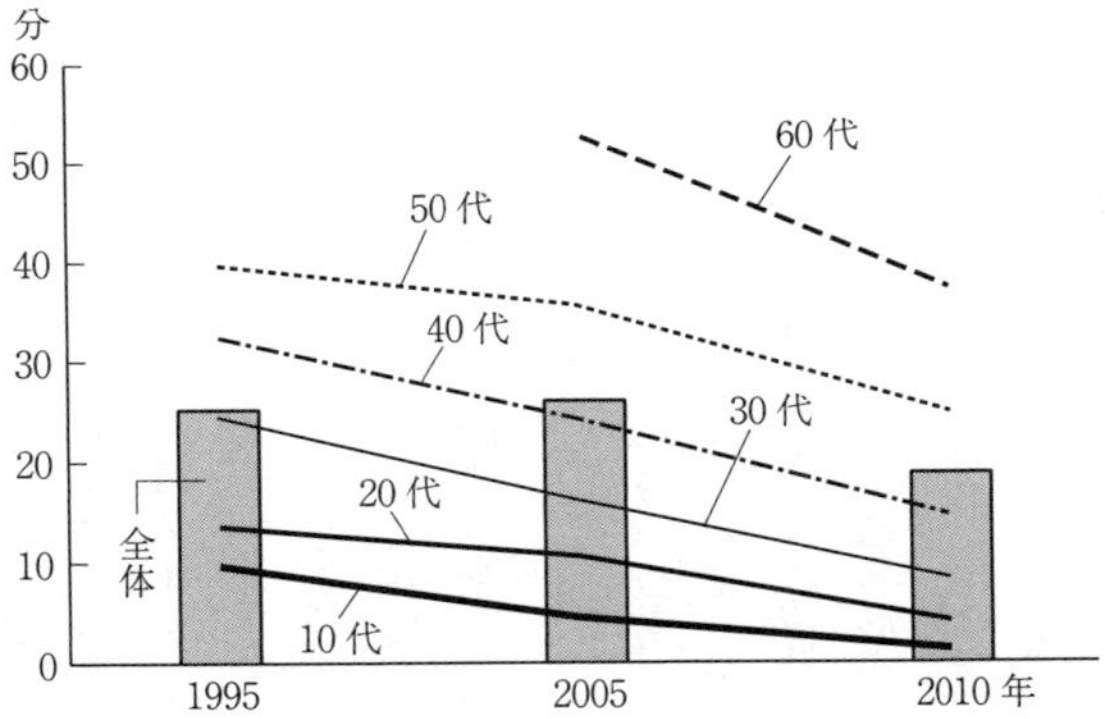

注：2000年のデータは欠落

図 2-8　新聞を読む時間

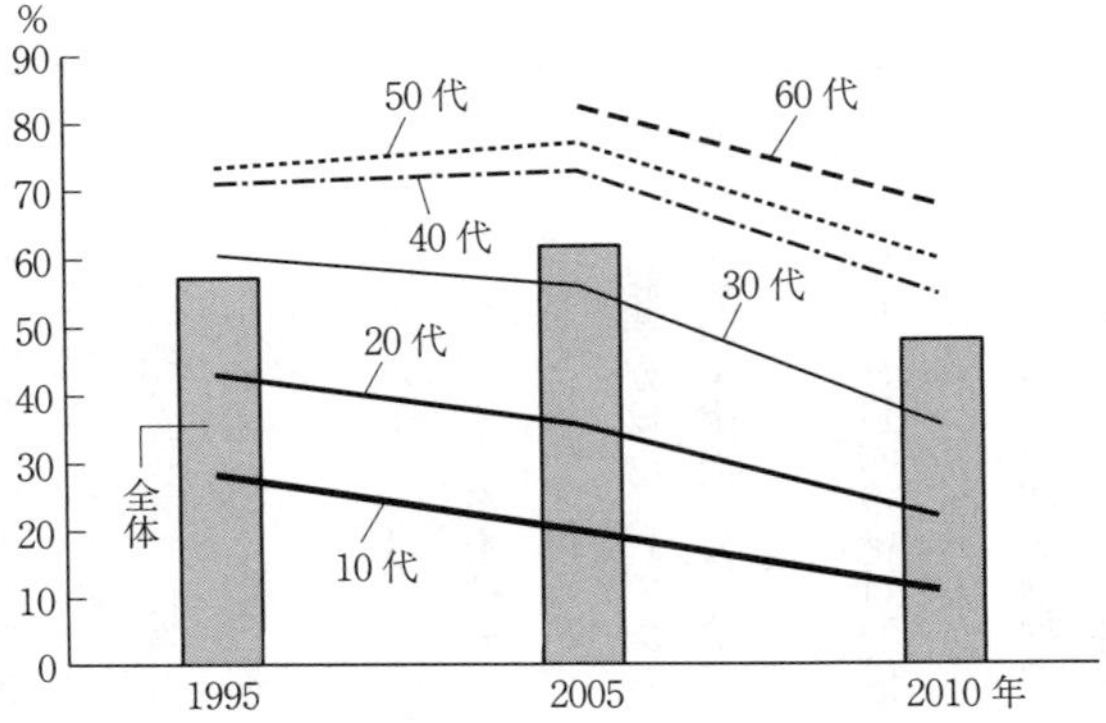

注：同上

図 2-9　新聞行為者率

なお、全体平均では一九九五年から二〇〇五年にかけて、読む時間も行為者率もほぼ変化がない。しかしこれは一九九五年の調査対象年齢が五〇代までであったため、六〇代の数値を欠いている結果である。すなわち、新聞に関しては、六〇代の閲読時間、行為者率が最も高く、それを外した一九九五年はその分、全体平均値が低くなっているのである(同じことはテレビの図2-1、2-3についても言える)。

信頼ある情報はネットで

では、なぜ緩慢な「新聞離れ」が進んでいるのか。「日本人の情報行動調査」の質問票調査から、その理由を示唆する二つのデータを紹介しよう。

「世の中のできごとや動きについて信頼できる情報を得るメディアはどれか」という質問で六つのメディアから一つ選択してもらった結果が図2-10である。最も信頼のあるメディアは、この一〇年で一貫してテレビであるが、新聞を選択した人の比率だけが三九・一%から三〇・五%へと一〇%近く大きく低下している。

複数メディアから一つ選ぶ形式の質問であるため、必ずしも新聞の絶対的信頼度が低下したことを意味しないが(実際、新聞単独で信頼度を質問した結果では七〇%強の人がその情報を「信頼できる」と答えている)、少なくとも「信頼ある情報」を得るために新聞を選択する人の比率が低下したのは数値上明らかである。テレビは比率にほとんど変化がなく、新聞が減少した分、イ

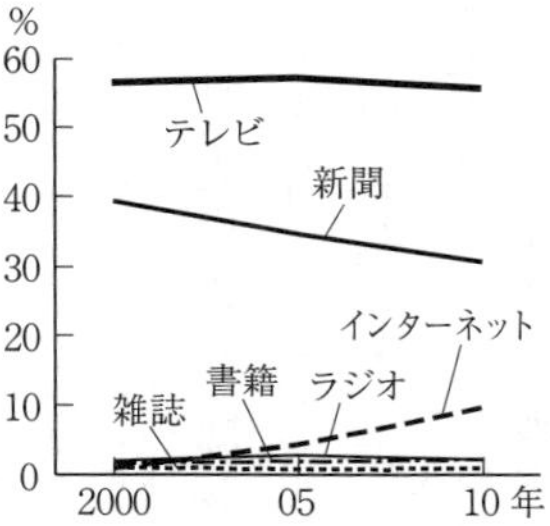

図 2-10　世の中のできごとや動きについて信頼できる情報を得るメディア

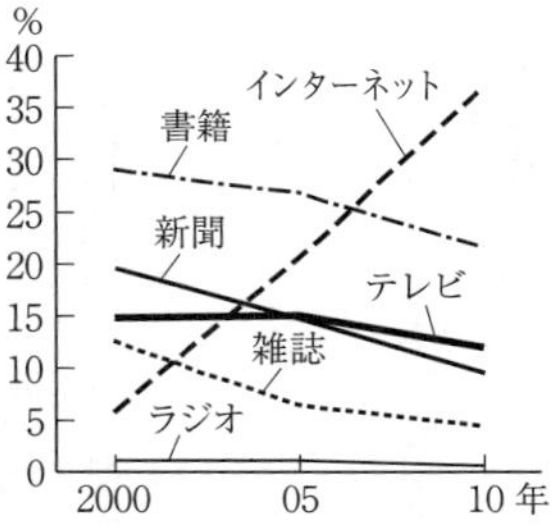

図 2-11　仕事や研究に役立つ情報を得るメディア

ンターネットの選択比率が上昇している。つまり、コストをかけず、同様の情報が得られるのであれば、新聞を取らず、ネットで済ますということのようである。

また「仕事や研究に役立つ情報を得るメディア」に対する回答の比率を経年的に示したものが図2-11である。

仕事上の情報の入手ソース

二〇〇〇年調査時点では書籍の比率が最も高く、二番目が新聞、次いでテレビ、雑誌という順番であったが、二〇一〇年にはインターネットがトップに立った。この一〇年間でインターネット以外のメディアは軒並み比率を下げているが、その中でも新聞の落ち込み率が最も大きく、比率を一〇%低下させ、順位も二位から四位に転落した。

仕事や研究に役立つ情報といっても人により内実は様々であるが、ならしてみれば、多くの人がインターネットで用を足すことができるようになったということであり、その中でもとくに新聞の役割をインターネットが奪っていることが示されている。仕事に関する情報取得については、劇的にインターネットが他のメディアに取って代わりつつある。

4 インターネット

インターネットの普及

日本で商用インターネットのサービスが開始されたのは一九九三年であるが、当初の普及は遅々としていた。通信機器の場合、使い勝手が飛躍的によくなる転換点は普及率二五%と言われ、実際二五%に迫った一九九九年以降、普及曲線の傾きが急上昇している(図2-12、総務省「通信利用動向調査」)。その後、利用者は一貫して増加し続け、二〇〇九年には人口普及率で七八%に達している。

「日本人の情報行動調査」でも、質問票調査の中でふだんのインターネット利用について質問しており、二〇〇〇年には二四・四%であったのが、二〇一〇年には七九・四%であり(表2-1)、総務省調査とほぼ同様の普及曲線を描いている。年齢層別にみれば、六〇代が二〇〇〇年の四・五%から二〇一〇年の四八・八%へと大幅に増加しているのが目立っている。

なお、一九九五年調査では、インターネットの利用について質問項目を設けていない。その

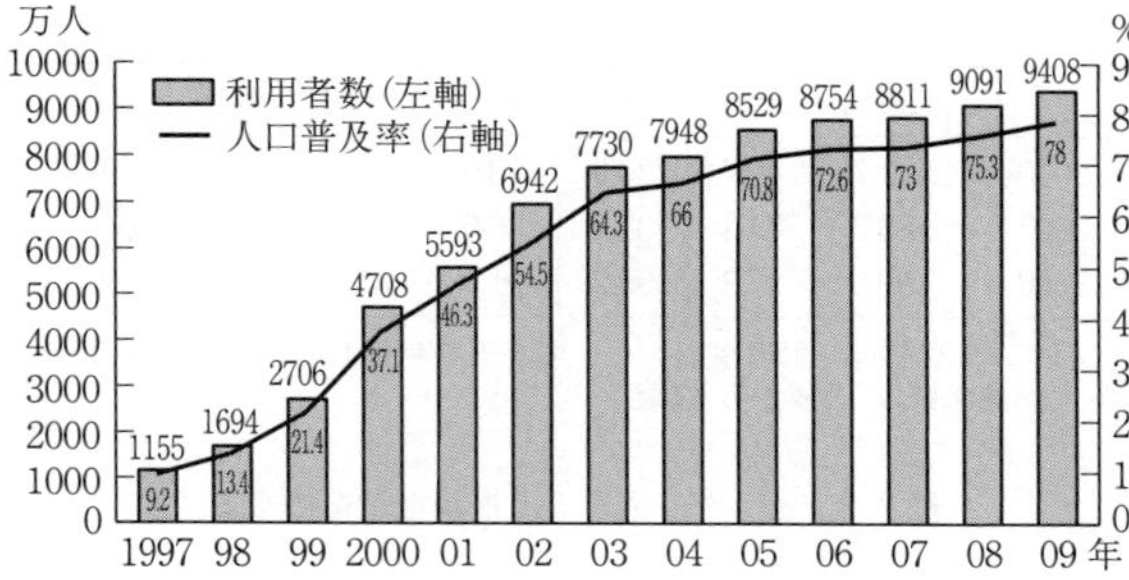

注:「利用者数」は,6 歳以上で過去一年間にインターネットを利用したことのある者.利用機器を問わず,職場利用なども含む.対象年齢は 2000 年までは 15 歳以上
出所:総務省「通信利用動向調査」

図 2-12　インターネット利用者数と人口普及率

時点では私的にインターネットを利用している人がほとんどいなかったからであり、同様に郵政省(当時)の「通信利用動向調査」でもインターネット利用の調査開始は一九九六年からである(そのときの「世帯利用率」は三・三%)。

日本におけるインターネットと携帯電話をめぐる主な動きを表2-2に示した。iモードやYouTubeなど、新しいサービスが次々に登場して、利用者の拡大につながっている様子が見て取れよう。とくに若年層で、携帯電話によるインターネット利用が本格化するのは、二〇〇三年のパケット定額制の開始以降である。

ネットの利用時間

一九九五年から二〇一〇年の一五年間、「テレビ」「新聞」「ラジオ」「雑誌」といった主だった伝統的メディアの利用時間、

表 2-1　年齢層別インターネット利用率

	10 代	20 代	30 代	40 代	50 代	60 代	全体
2000 年	27.7	49.7	30.0	23.9	15.6	4.5	24.4
2005 年	83.3	84.3	83.7	66.6	42.3	25.0	61.3
2010 年	89.8	97.9	95.2	91.9	74.3	48.8	79.4

注：「機器を問わず現在インターネットを利用している人」の比率．対象年齢は 13 歳から 69 歳

表 2-2　インターネットと携帯電話をめぐる主な動き

1987	携帯電話サービス開始
1993	商業ネット IIJ サービス開始(11 月)
1994	商業ネット InfoWeb サービス開始(6 月)
1995	Windows 95 発売
1996	Yahoo! JAPAN サービス開始(4 月)
1998	携帯普及率 50% 突破
1999	i モード登場(2 月)
2001	Wikipedia(英語)登場
2003	パケット定額制開始
2005	YouTube 登場
2006	ニコニコ動画サービス開始
	ワンセグ携帯発売
2007	ケータイ小説大人気

行為者率はすべて減少傾向にある。

すでにテレビ、新聞について、インターネット利用の影響は免れないと記述したが、そのインターネットの利用時間の変化はどのようなものであろうか。

「日本人の情報行動調査」から、インターネット利用時間および行為者率の変化をパソコンと携帯電話に分けて見てみたのが図2-13〜2-16である。*

二〇〇〇年から二〇一〇年

に至るまで、インターネットの利用時間、行為者率は全体平均として大きく増加している。これはパソコンだけでなく、携帯電話を通した利用も同様である。とくに三〇代から五〇代の中年齢層の増加が著しい。

調査結果の中で特に注目すべきなのが、一〇代だけがパソコンによるインターネットの利用時間、行為者率とも二〇〇五年から二〇一〇年にかけて減少していることである(一八・二分から一二・八分、二二・九%から一五・四%)。また、携帯電話によるインターネットも一〇代は二〇〇五年から二〇一〇年にかけ、利用時間も行為者率も伸びは停滞している(六四・〇分から六六・〇分、五九・一%から五九・四%)。

その理由をさぐるために、彼らがインターネットで何をしているのかもう少し具体的にみて

＊二〇〇〇年三月の調査時点の携帯電話によるインターネットの契約数は対人口比六・五%の七五〇万に過ぎないため、パソコンと区別せずに利用時間を調査しているが、二〇〇五年調査以降ではそれぞれに分けて聞いている。また、パソコンによるインターネット利用については、職場での仕事目的の利用時間を排除するため、場所を自宅に限定している。携帯電話については自宅外での私用の利用も多いため、場所を限定せず分析している。

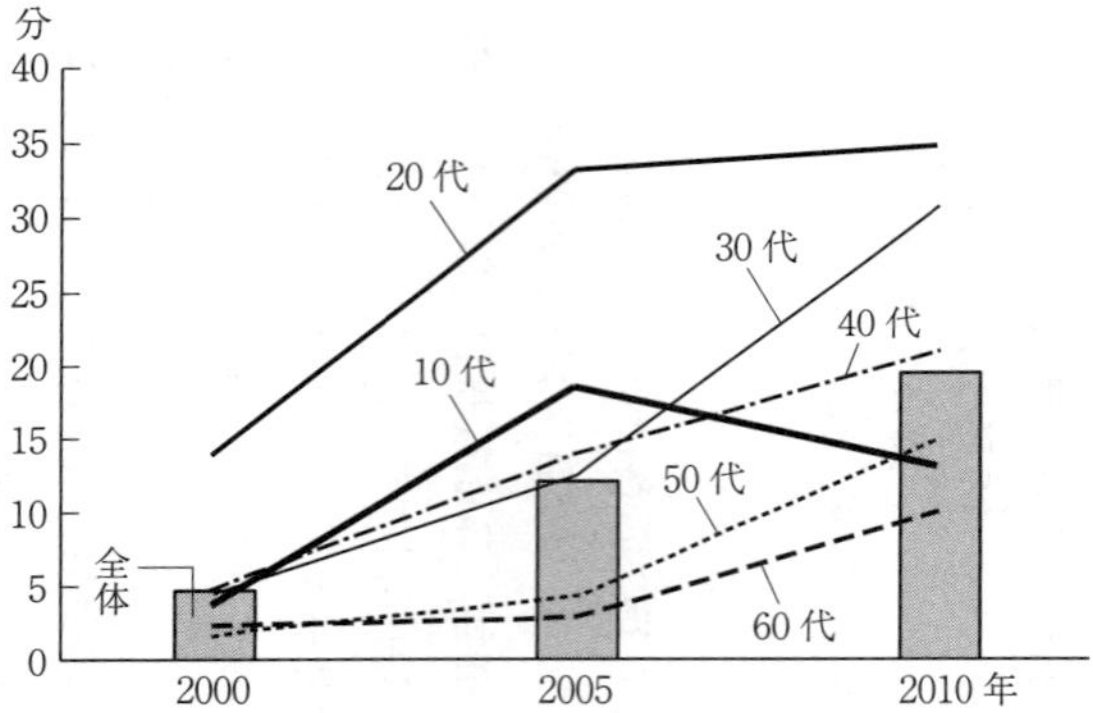

注：2000年のみ携帯電話による利用を含む

図 2-13　パソコンによるインターネット利用時間(自宅のみ)

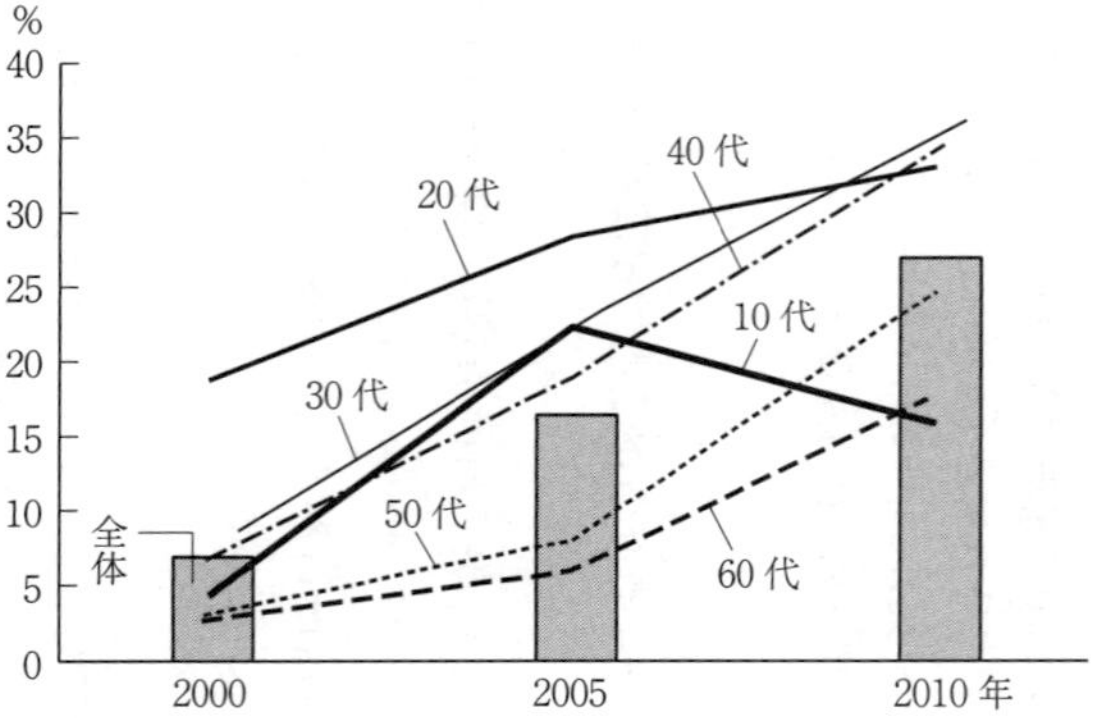

注：同上

図 2-14　パソコンによるインターネット行為者率(同)

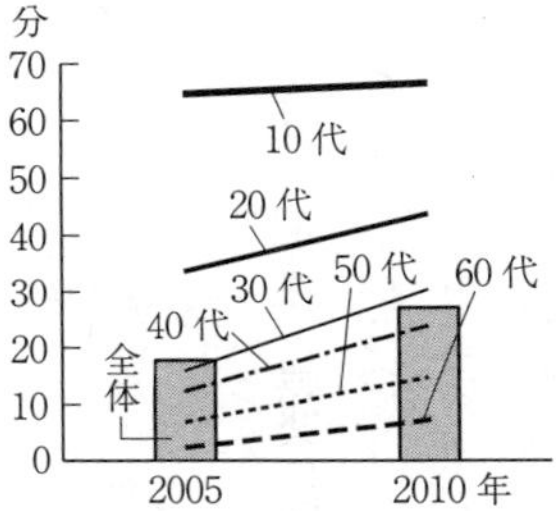

図 2-15 携帯電話によるインターネット利用時間(場所を問わず)

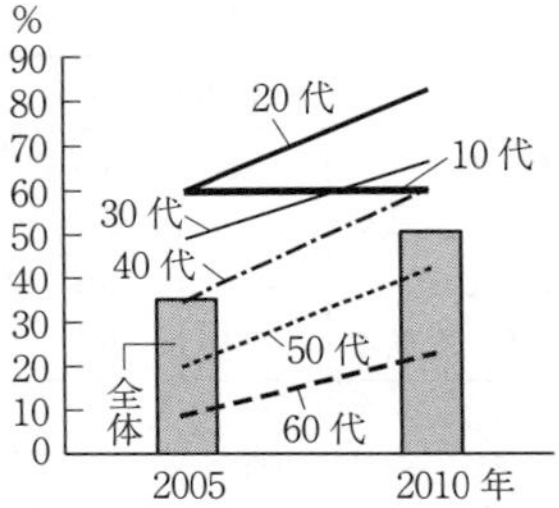

図 2-16 携帯電話によるインターネット行為者率(同)

みよう。

一〇代はネットで何をしているのか

調査では、インターネットについて「メールを読む・書く」「サイトを見る」「サイトに書き込む」「チャット機能やインスタントメッセンジャーを使う」「ゲームをする」など、細分化して聞いている。

一〇代のネット利用の主な項目の内訳を示したのが表2-3である。

二〇〇五年の一三・三分から二〇一〇年の七・二分へと最も時間を減らしたのはパソコンで「サイトを見る」である。一方、携帯電話で「サイトを見る」は五・〇分から三〇・八分と大きく増加している。つまり、SNSやミニブログも含め、サイトを見る媒体が、一〇代の場合、パソコンから携帯電話へと移行したのである。

その割には一〇代の携帯電話によるインターネットの合

計利用時間が二〇〇五年から二〇一〇年にかけ、さほど大きく増加していないのは(図2-15)、「メールを読む・書く」が一〇分近く減っているからである。「メール」時間の減少については、ネットを通した友人とのコミュニケーション量が減ったというより、SNSやミニブログの利用(集計上は「サイトを見る/サイトに書き込む」の中に含まれる)で代替しているからと解釈できよう。一〇代に限定して言えば、利用時間でも行為者率でも、インターネット利用は既に飽和点に達しているとも考えられる。

表2-3 10代のネット利用の内訳(分)

		2005年	2010年
パソコン(場所問わず)	メール	5.8	4.0
	サイトを見る	13.3	7.2
携帯(同)	メール	58.5	49.9
	サイトを見る	5.0	30.8

娯楽情報源としてのネット

この一〇年で、インターネットは娯楽のメディアとしての地位も築き上げた。

「日本人の情報行動調査」では、二〇〇〇年以降、質問票調査で「趣味・娯楽に関する情報を得るのにどのメディアを最もよく利用しているか」という質問をしている(図2-17)。

二〇〇〇年と二〇一〇年で比べると、テレビが四〇・〇%から二九・九%、新聞が一〇・四%から五・四%、雑誌が三二・六%から一七・六%、書籍が七・三%から五・七%と、多かれ少なか

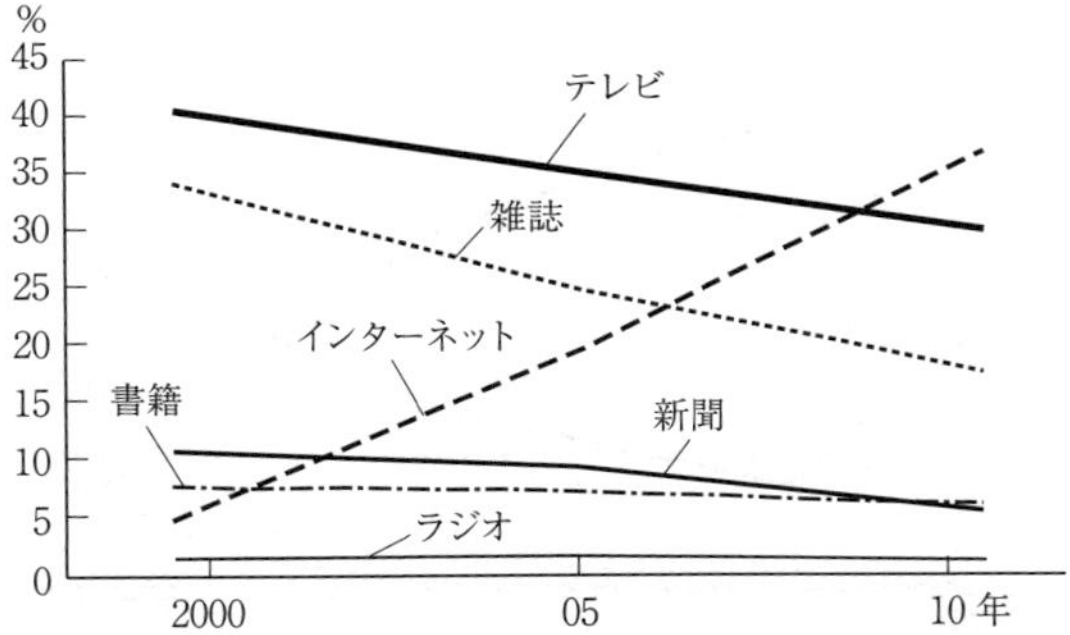

図2-17　趣味・娯楽に関する情報を得るのに最も利用するメディア(2000-2010年)

れ比率を減らしているが、一方、インターネットは二〇〇〇年に四・四%であったものが、二〇一〇年には三六・〇%となり、第一位に浮上した。とくにテレビと雑誌の減少分が、インターネットに取って代わられた形である。

このうち二〇一〇年の結果を年齢層別に見ると、一〇代ではまだテレビとインターネットは拮抗しているが、とくに二〇代、三〇代では、インターネットが大幅にテレビを凌いでいる。趣味・娯楽の情報源として若年層では、インターネットは既にテレビのかなりの部分を代替している(図2-18)。

他の領域の情報源

先に述べたように、趣味・娯楽の他、仕事や研究上の情報源としても、全体平均ですでにインターネットはテレビを比率的に上回った(図2-11)。これらの領域の情報については、旧

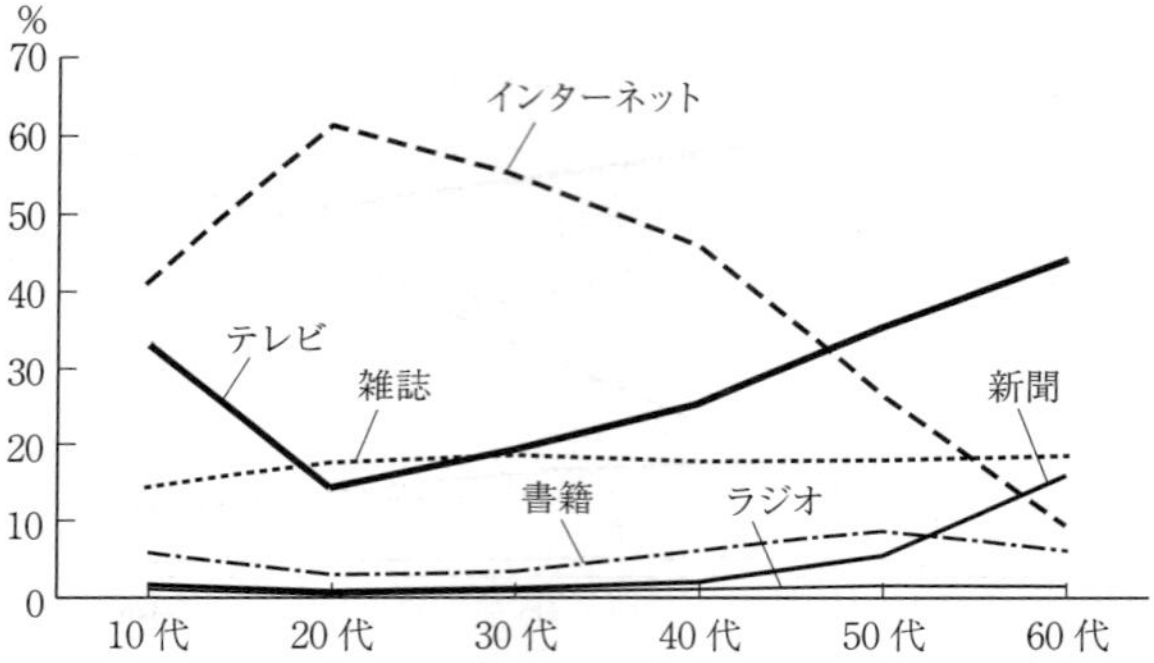

図 2-18　趣味・娯楽に関する情報を得るのに最も利用するメディア(年齢層別，2010 年)

来のマスメディアよりインターネットの方が、より個々のニーズに合わせて収集でき、効率的であり、なおかつコストがかからないことが多いからであろう。

「日本人の情報行動調査」ではいくつか他の領域の情報の入手先も質問しているが、たとえば「ショッピング、商品情報」「旅行、観光情報」などでは、「テレビ」や「パンフレット」を抑えて「ウェブサイト」が最も比率が高い。「グルメ情報」などはまだテレビがネットに勝っているが、利用者によって好みの分かれる個別情報については、将来的にその情報収集先として、ほとんどすべての領域で、インターネットが選択されるだろう。

5　ラジオ

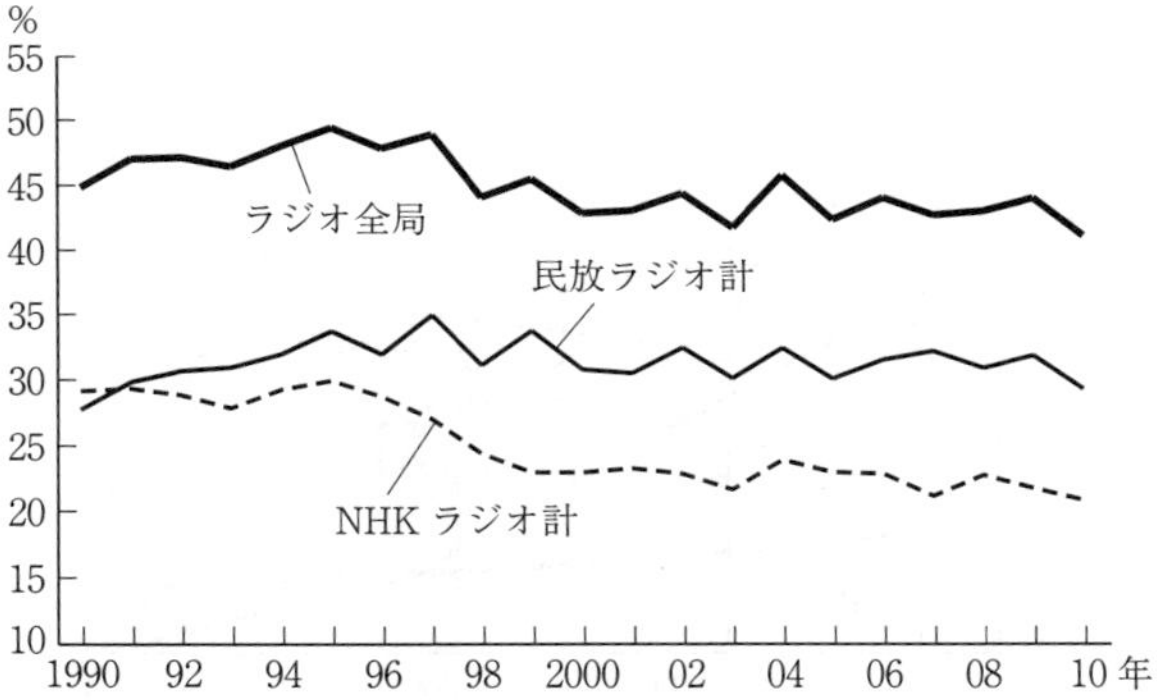

出所：NHK 放送文化研究所『放送研究と調査』

図 2-19　ラジオ週間接触率

リスナーの減少

一九九〇年以降、一週間のうち一度でもラジオ放送を聞いたことのある人の割合（ラジオ週間接触率）の変化を示したのが図2-19である（NHK放送文化研究所『放送研究と調査』）。ラジオ全局についてみれば、一九九〇年以降では、一九九五年の四九・三%をピークとして二〇一〇年の四一・一%まで漸減傾向にあるが、激減と言うほどではない。

しかし、テレビや新聞と同様、ラジオも高齢者ほど利用者が多くなるメディアである。人口比例の実態に合わせ、サンプルの年齢構成が年々高齢化していることを考慮に入れて考えれば、若年層リスナーは図2-19に示される印象以上に著しく減少している。

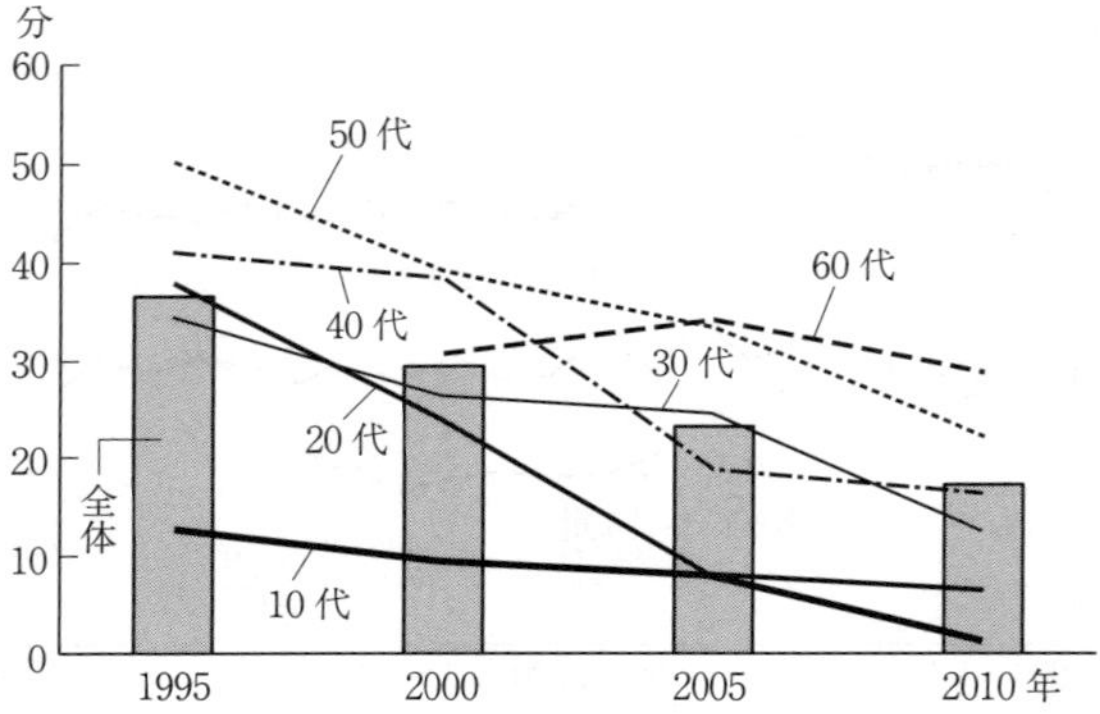

図 2-20　ラジオ聴取時間

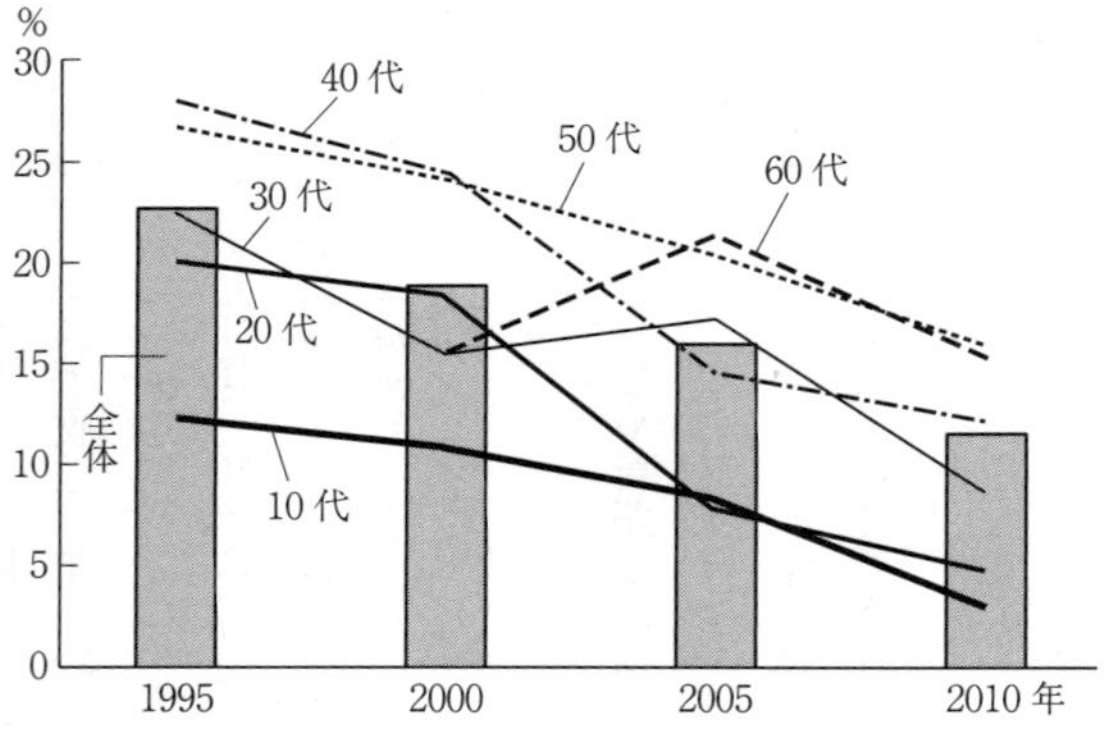

図 2-21　ラジオ行為者率

聴取時間の変化

そのことは「日本人の情報行動調査」のデータによって裏付けられる。ラジオの聴取時間(図2-20)、行為者率(図2-21)は、一九九五年以降、全体平均で一貫して減少しているが、とくに二〇代の減少率が大きい。その理由の一つはCDの売上低下と同様、MP3プレーヤーの普及、ネットを通した楽曲の購買、音楽動画視聴(YouTubeなど)により、ラジオの音楽番組が聞かれなくなったためである。最後まで健闘していた情報誌「FM Fan」も二〇〇一年一二月に廃刊している。

一〇代はもとよりラジオの聴取時間量が少ない世代であるが、二〇一〇年には平均で一分を切った。受験勉強をしながら「オールナイトニッポン」や「セイ!ヤング」のような深夜放送を聴くという習慣もほとんど途絶えたようだ。

6　書籍と雑誌

発行部数と実売総額

書籍の発行部数、実売総額は、一九九七年の一五億七〇〇〇万部、一兆一〇六二億円をピークとしてその後、低下傾向にある(図2-22)。ただし、発行部数は二〇〇三年を底として二〇〇七年まで一時、増加傾向に転じた。

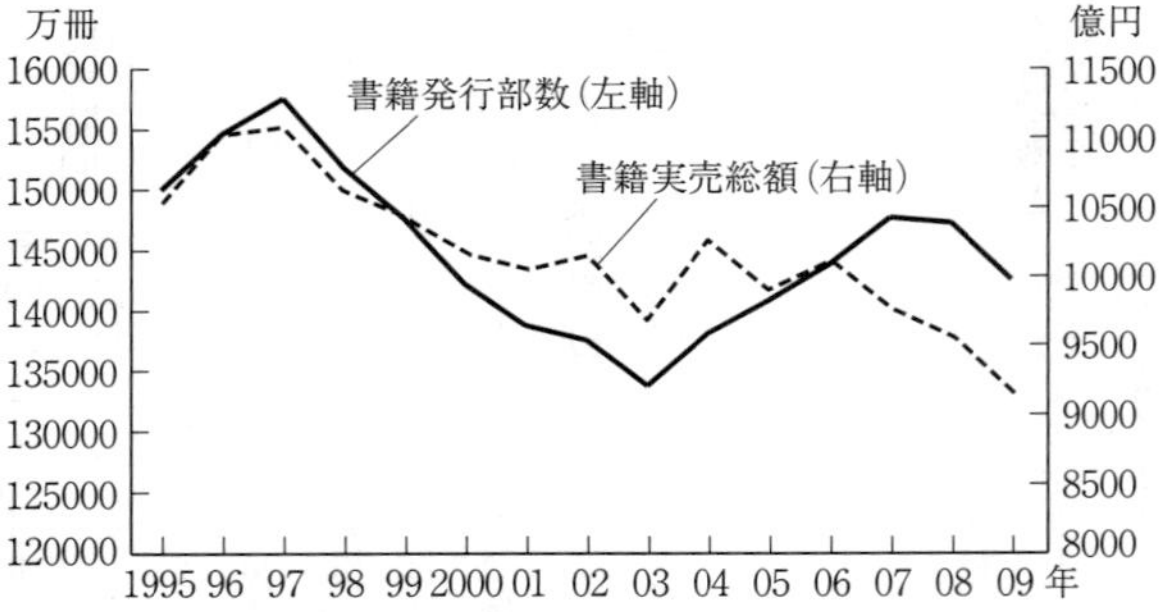

出所：出版年鑑編集部『出版年鑑』

図 2-22　書籍発行部数と実売総額

それでは、読書時間の変化を「日本人の情報行動調査」からみてみよう。

読書時間の変化

調査日の読書時間、および調査日に本を読んだ人の割合(行為者率)をみたものが図2-23、2-24である。調査票には「本」として「マンガ、雑誌は除く」と明記しているが、教科書や参考書をとくに排除していないため、一〇代の読書時間にはその種の書籍が少なからず含まれていると推察される。

ここで注目されるのは、一九九五年から二〇一〇年にかけ、読書時間、行為者率には全体的にほとんど減少傾向がみられないことである。年齢層別にみた場合、調査年ごとに多寡は一定しないが、どの年齢層をみても、一貫した減少または増加傾向はみられない。先にあげた図2-17で「趣味・娯楽に関する情報を得るためのメディア」としても、書籍は一五年間、あまり大きな変化はな

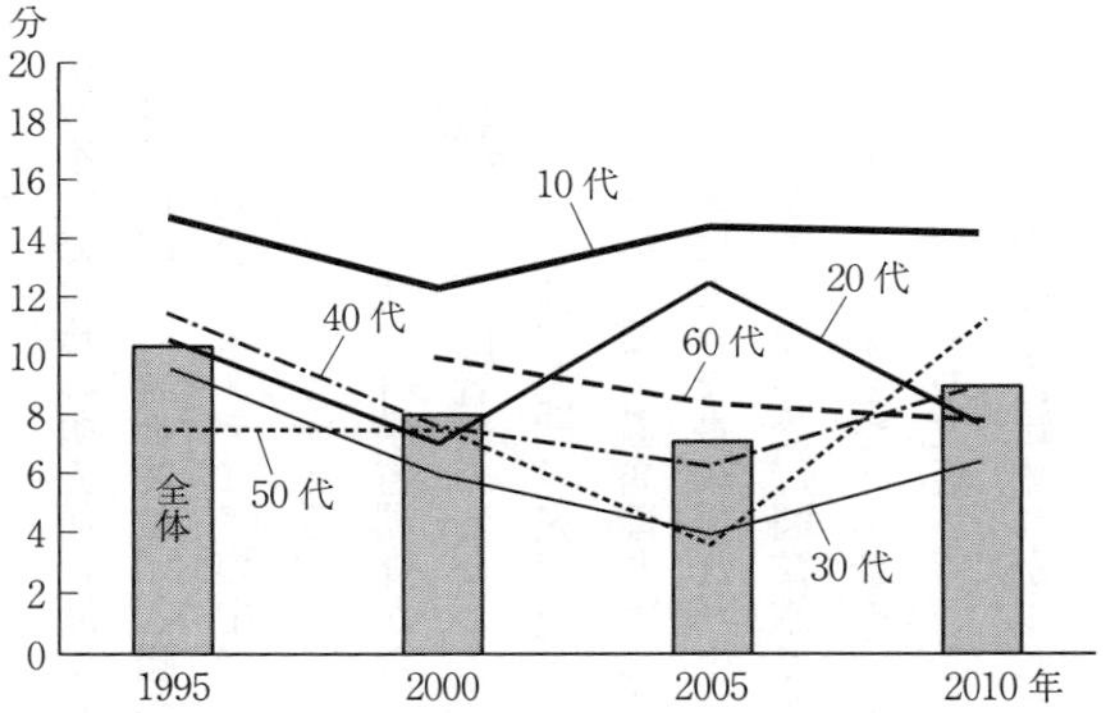

図 2-23　読書時間

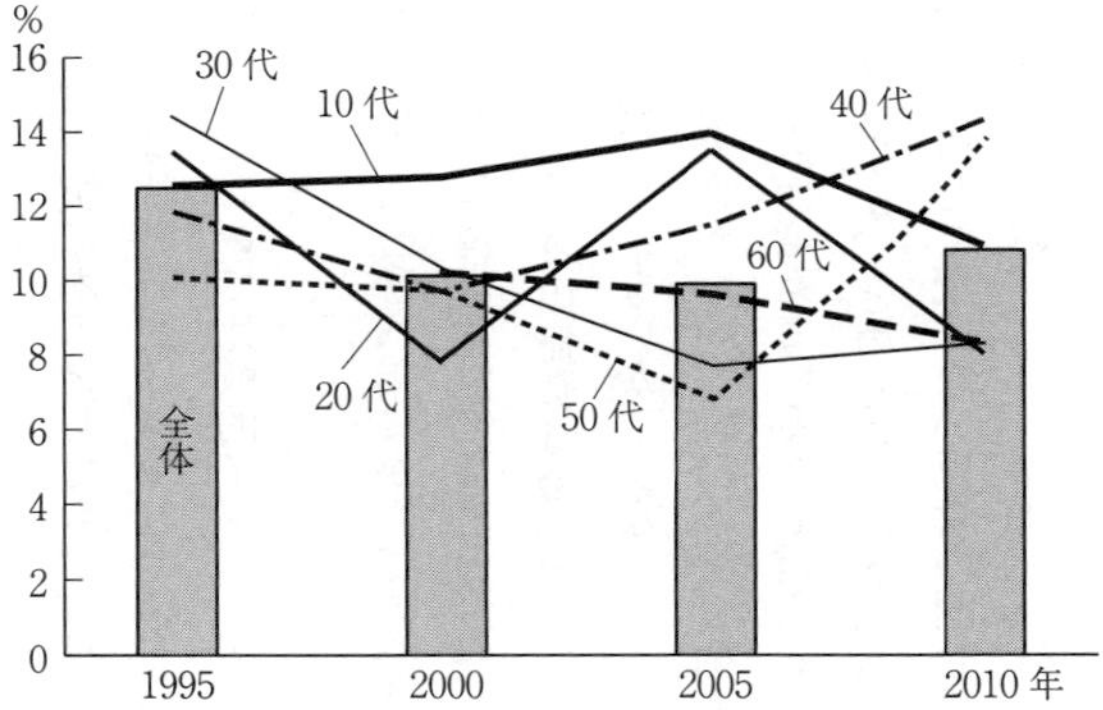

図 2-24　読書行為者率

い。

出版不況で書籍の販売額が減少しているのは事実であるとしても、「日本人の情報行動調査」からは、世間で「読書離れ」と騒がれるほどには読書時間は減少していないことがうかがわれる。伝統的なマスメディアの中で、書籍は現状において比較的インターネットの影響を受けていないメディアだといえる。

「読書離れ」は本当か

文部科学省調査から一九九六年から二〇〇八年にかけての公共図書館の貸出冊数、帯出者数の推移をみれば、全体として貸出冊数、帯出者数とも増加傾向にある(図2-25)。児童だけの推移をみても、貸出冊数は微増である。「公共図書館の貸出数」がそのまま「読書離れ」の指標になるわけではないが、少なくともこのデータをみる限り、日本人に大きな書籍離れが生じているとは考えがたい。経済不況で個人の消費が抑えられ、外で書籍が買えない分、図書館で間に合わせる人が増えているとも言える。

本をまったく読まない小学生、中学生、高校生が、どのくらいいるのかを示したのが図2-26である。データの欠落している年も多いが、概して読まない児童の割合は減少の傾向にある。児童でも、やはり書籍離れが生じているとは言えない。

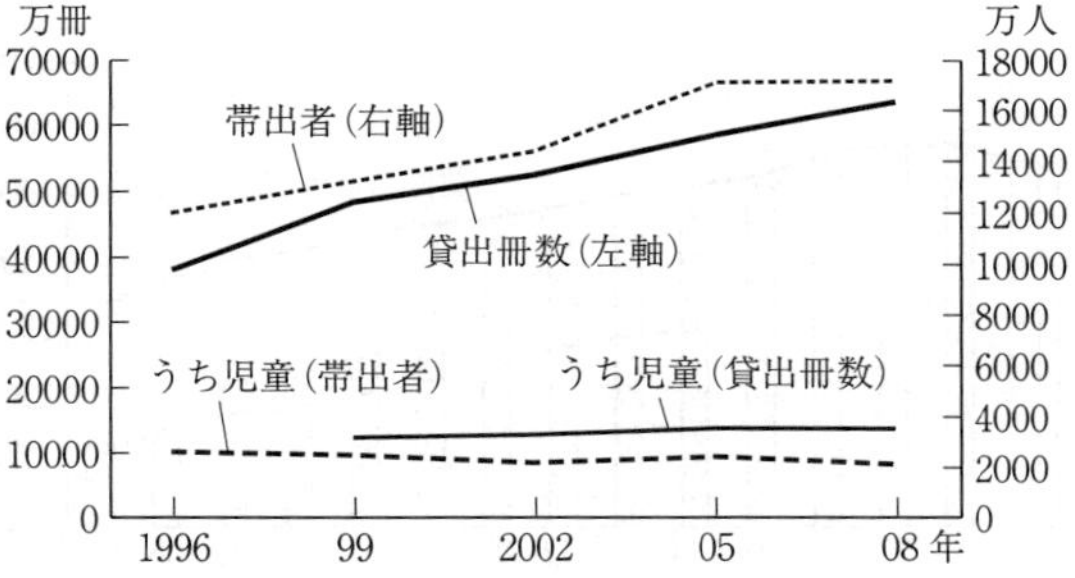

出所：文部科学省「社会教育調査」

図 2-25 公共図書館の貸出冊数と帯出者数

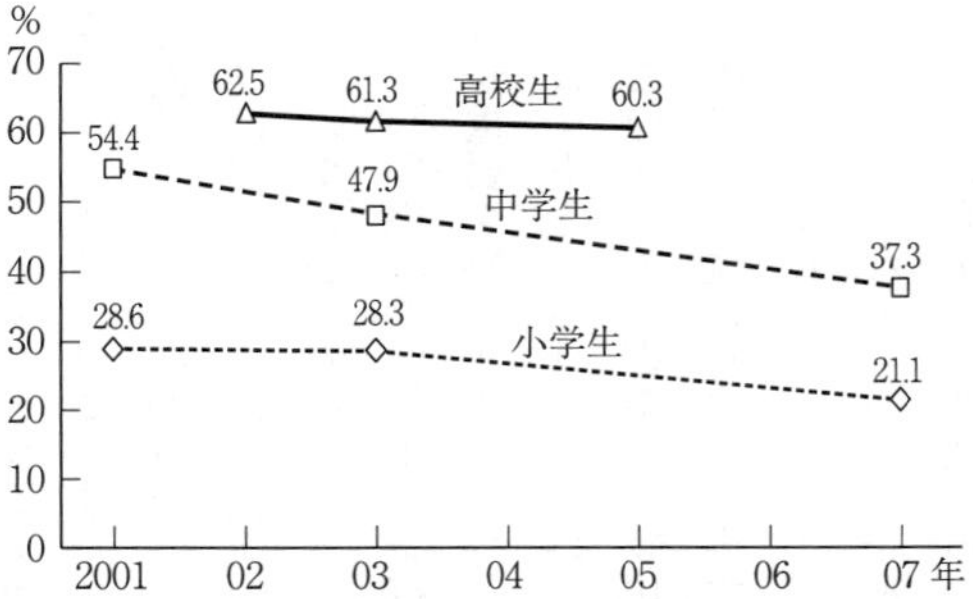

出所：文部科学省「教育課程実施状況調査」，2007 年度は「全国学力・学習状況調査」

図 2-26 家や図書館で平日，まったくまたはほとんど読書しない割合

出所：出版年鑑編集部『出版年鑑』

図 2-27　雑誌の発行部数と実売総額

書籍の強み

雑誌の情報内容がネットでも同等なものを見いだすことができる場合が多いのに対し、書籍は、現状ではまだまだネット上で紙媒体と同じ内容を閲覧できるものが少ない。書籍がネットの影響をあまり受けていないのは、機能的にインターネットが代替し得ていないからである。また、本はパッケージ自体が一つ一つ個性的で商品価値を持っている。いわば、中身だけが重要なＭＰ３ファイルと、ジャケットも個性をもつレコードやＣＤとの違いにも等しい。

この先、電子書籍が一般化すれば、当然、紙媒体としての書籍の読書時間は減少するだろう。しかし、その場合でも、紙がディスプレイモニターに置き換わっただけであり、それをもって「読書離れ」とは言えないだろう。

雑誌の発行部数と実売総額

一九九五年から二〇〇九年まで月刊誌、週刊誌の発行部数、雑誌全体の実売総額

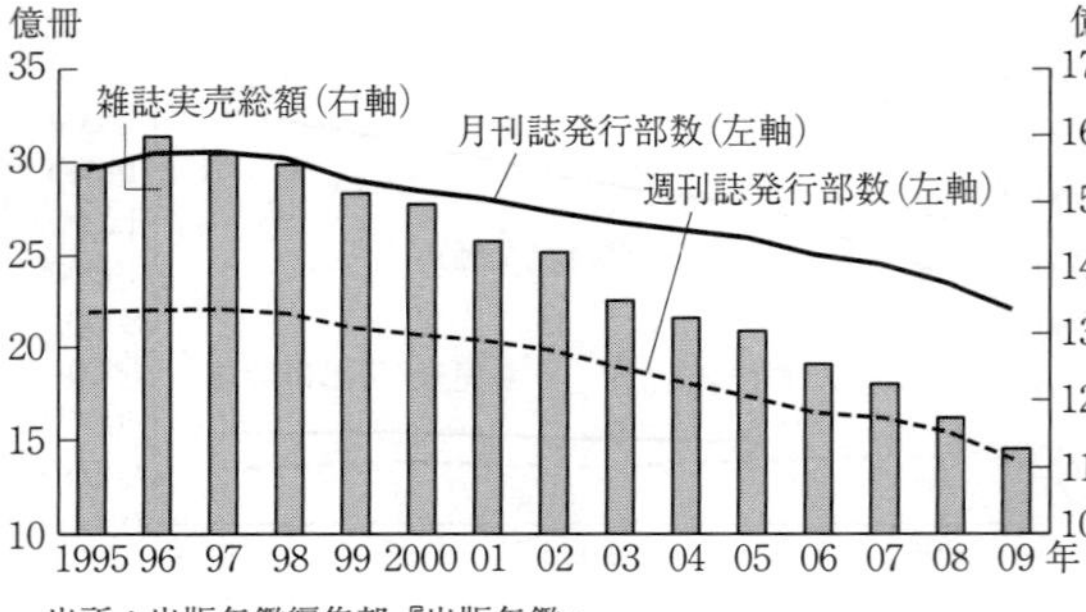

の推移を見てみると、月刊誌、週刊誌とも、発行部数は一九九七年、実売総額は一九九六年をピークとして、以降、徐々に数値を低下させている（図2-27、出版年鑑編集部『出版年鑑』）。

雑誌は、機能が重なることから、最もインターネットの影響を受けやすい媒体であり、それがここ十数年の低調傾向の主因であると考えられるが、インターネットが大衆化する前の一九九七年から衰退が始まっており、必ずしもネットだけに原因を求めることはできない。

雑誌の読書時間と行為者率

「日本人の情報行動調査」から雑誌（マンガを除く）の読書時間、行為者率の推移を見ると、全体平均で言えば、時間量は一九九五年以降、一貫して減少している（図2-28、2-29）。とくに二〇代の二〇〇〇年以降、一〇代の二〇〇五年以降の減少率が大きい。

若年層、とくに一〇代の雑誌離れは、ネットの影響によるところが大きい。無料でネットを通して入手できる情報が多くなり、可処分所得の小さい一〇代がまっさきに雑誌に対する支出を削ったからである。

三〇代は、一九九五年から二〇〇〇年にかけての低下が激しく、時期的に見てネットがその原因とは考えがたい。一九九五年は一月一七日に阪神・淡路大震災、三月二〇日に地下鉄サリン事件が発生し、その後もオウム真理教の摘発が本格化するなど、大事件が頻出した年でもあ

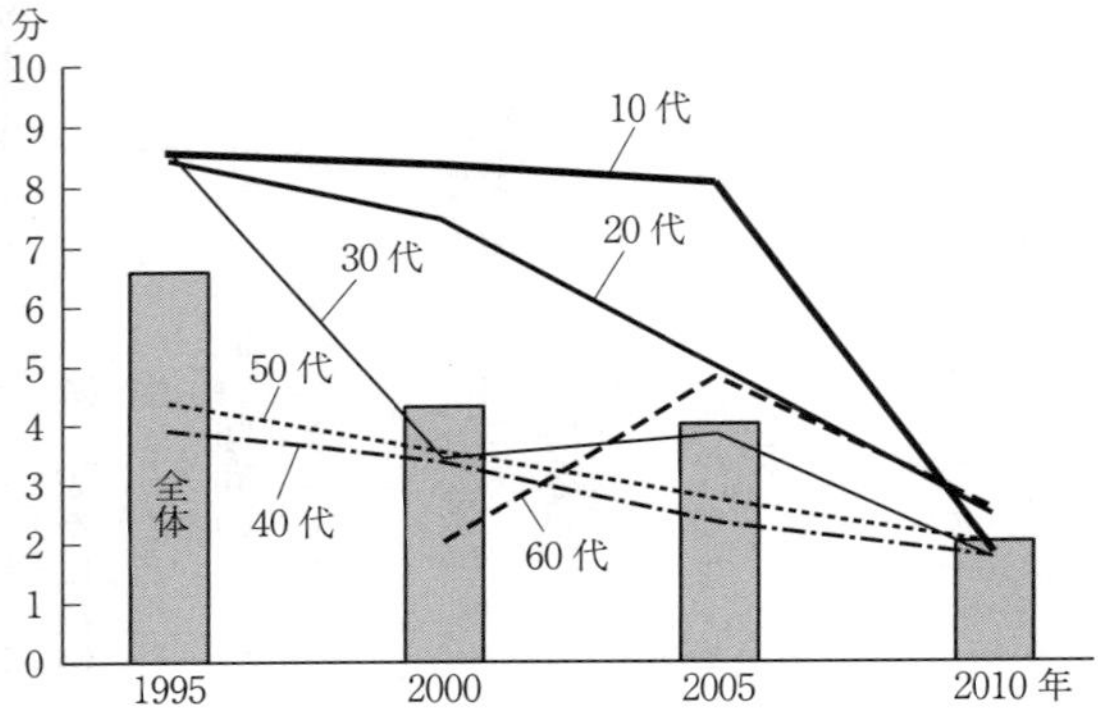

図 2-28　雑誌を読む時間

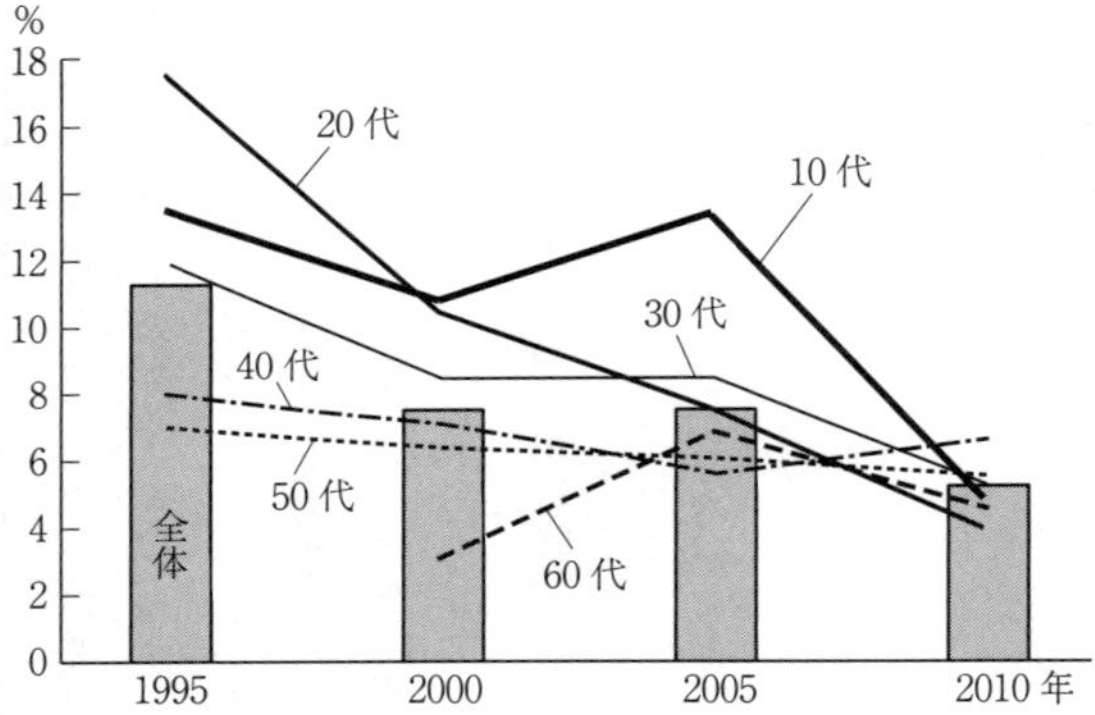

図 2-29　雑誌行為者率

るが、調査はサリン事件以前の三月一三日から一四日にかけて実施されており、調査日当日に購入できた週刊誌でとくにセンセーショナルな記事は見あたらない。三〇代の一九九五年以降の雑誌の低落傾向は、携帯電話の普及で、通勤途上での時間つぶしが雑誌から携帯に移行したことも一つの遠因と考えられる。

経済状況との関係

書籍と雑誌の発行部数が最も多かった一九九七年は一人あたりの名目GDPがピークに達した年でもある。一九九五年から二〇〇九年にかけ、一人あたり名目GDPの数値と書籍実売総額の関係(図2-30)を見るため、両者の相関を分析すると、相関係数は〇・七〇〇で統計的に有意な関係であった。一方、GDPと雑誌実売総額の関係(図2-31)は、相関係数〇・四八六で、両者の関係は統計的に有意と言える水準に達していなかった。

書籍も一つの商品である以上、その売上総額が経済状況と連動するのは当然であるが、雑誌の場合、その実売額の低下の傾向は一人あたりGDPの低下傾向よりかなり急速である。GDPとの関係で、雑誌が書籍より相関係数値が低い、つまり関係の度合いが低いというのは、経済的要因以外の要素が強くその売行きに関与しているということであり、その背景にはインターネットに加え携帯電話の普及が影響していると考えられる。

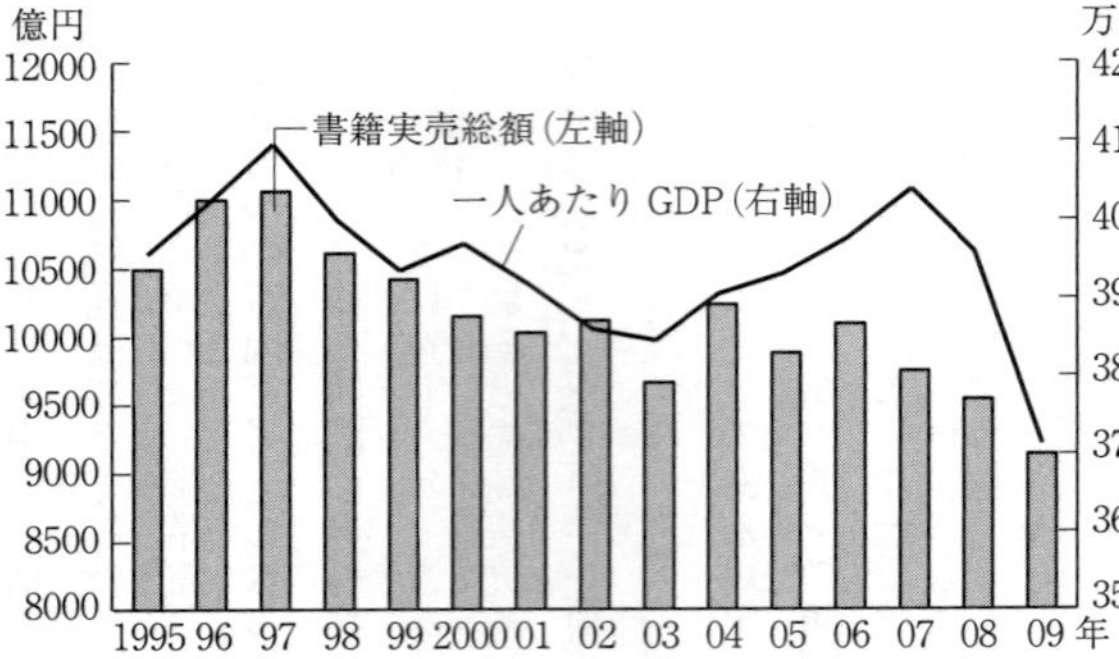

図 2-30　一人あたりの GDP と書籍実売総額

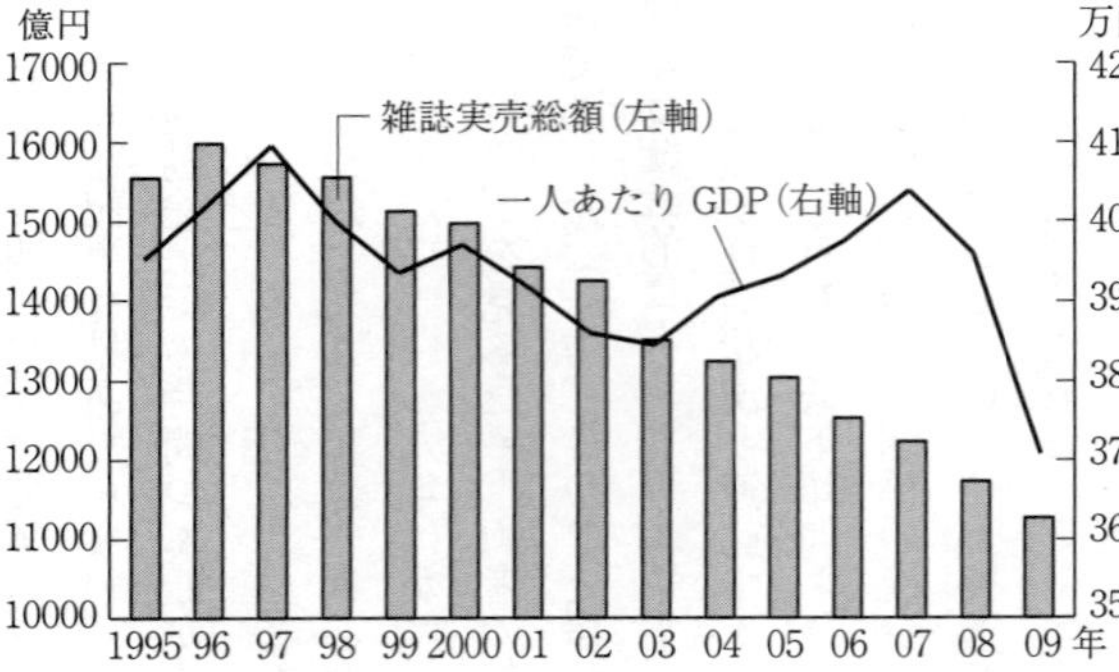

図 2-31　一人あたりの GDP と雑誌実売額

7　電話

固定電話の通話時間

固定電話の通話時間と行為者率を二〇〇五年と二〇一〇年で比較すると、全体平均では両者とも減少傾向にある*(図2-32、2-33)。携帯電話の普及による結果と考えられるが、年齢層別にみると、それぞれ異なったパターンを示している。

まず、一〇代は通話時間が〇・三分、行為者率が一・二%であり、ほとんど利用されていない(二〇一〇年)。完全に携帯電話の影響と考えられる。一方、二〇代が増加、三〇代、四〇代がほとんど変化がなく、五〇代、六〇代が減少している。

こうした違いは、主にどの場所で固定電話を利用しているかということを反映している(表2-4)。一〇代は、そもそも固定電話をほとんど利用していないが、利用場所は一四%が自宅で後は「その他」の場所である。具体的には「学校」が多い。携帯の所有が進んで、どの場所

*電話の通話時間については二〇〇〇年調査までと二〇〇五年以降の調査では回答の記入形式が異なるため、ここでは二〇〇五年以降のデータのみを比較した。

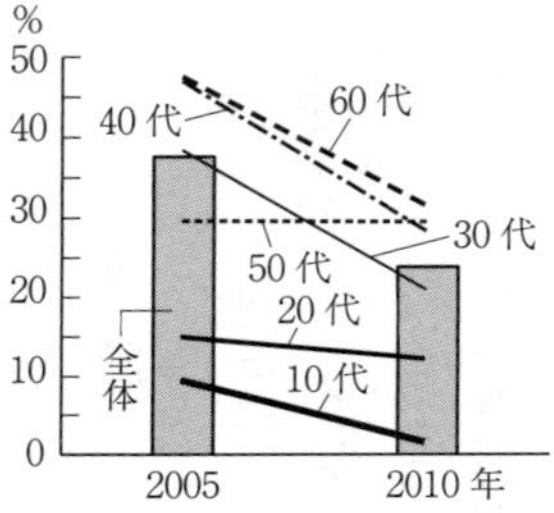

図 2-33　固定電話行為者率

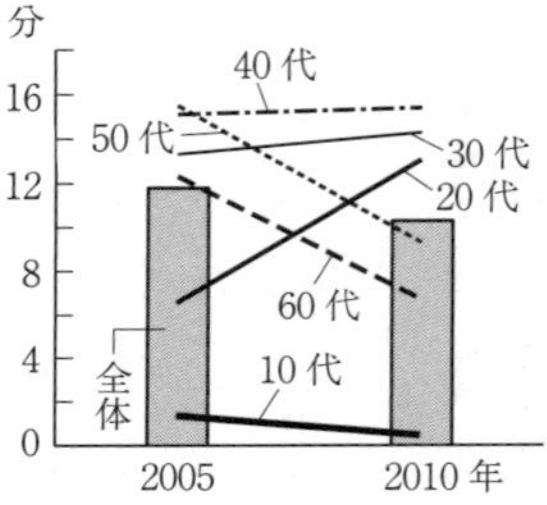

図 2-32　固定電話利用時間

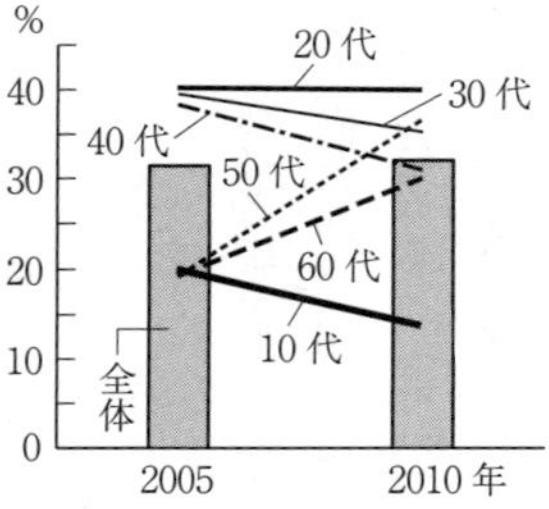

図 2-35　携帯電話通話行為者率

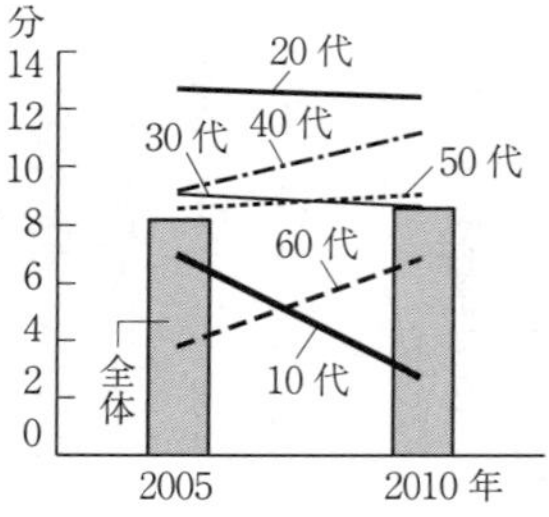

図 2-34　携帯電話通話時間

表 2-4　固定電話の通話場所

	10 代	20 代	30 代	40 代	50 代	60 代	全体
自宅	14.1	0.8	8.2	14.5	39.1	68.1	23.8
職場	0.0	87.2	85.1	77.1	48.7	24.0	66.7
その他	85.9	12.0	6.7	8.4	12.2	7.9	9.6

注：単位，%

であっても、固定電話を利用する機会はほとんどなくなった。

二〇代は八七％が職場での利用で、自宅での利用はほとんどない。仕事では携帯電話で代替できない場合が多く、職場での携帯電話利用や私的メールを禁じる職場も多くなったこともあり、固定電話の通話が増加傾向にあるのかも知れない。

三〇代、四〇代でも主な利用場所は職場であり、通話時間の変化はない。五〇代より高齢になると、自宅での利用比率が高くなり、携帯電話で済ますことが多くなったせいか、通話時間は減少している。

携帯電話の通話時間

携帯電話による通話時間と行為者率の推移を年齢層別にみたのが図2-34、2-35である。通話時間、行為者率ともに、六〇代の増加が顕著である。携帯電話の所有率が増し、メールに不慣れな人が携帯電話で通話していると考えられる。

一方で、一〇代の通話時間、行為者率は大きく減少している。通話は比較的コストが高く、友人らとのコミュニケーションは、メールやミニブログなどによるやりとりの方が簡便で費用もかからないということであろう。

3章　メディアの「悪影響」を考える

——テレビとインターネットをめぐる研究

1　メディアに対する〝ネオフォビア(新規恐怖)〟

新しいものの嫌い

いつの時代でも新しいメディアが普及しはじめると、必ずと言っていいほどそのメディアに対して批判の声がわき起こる。新しいものに対して拒否反応を示す「ネオフォビア(neophobia)」は、メディアやコミュニケーションに関する技術革新においてとくに顕著だ。

コミュニケーション技術として最も古く、また人類の進化史上画期的であったものに「文字」がある。文字の起源は、今から五〇〇〇年以上前のメソポタミアで使われた楔形文字とも言われるが、人類史において長らく独占的なコミュニケーション手段の地位を占めていた「声」を視覚化し、その内容の保存を可能としたことだけでも文化の発展に及ぼした影響力は計り知れない。

文字はやがてパピルスや羊皮紙に記されて書物となる。羊皮紙は一頭の羊からA2の大きさで四枚程度しか取れず高価であったので、古代ギリシアなどでは主にパピルスが用いられた。もちろんパピルスも主に材料はエジプトからの輸入にたより、加工にも多大な労役を要したので高価ではあった。

プラトンの批判

古代ギリシアの哲学者プラトン（BC四二七―三四七）は現代に至るまで読み継がれる多くの書物を後世に残したが、『パイドロス』（成立はBC三七〇年代）の中で、ソクラテスの口を借りて次のような伝説を語り、「文字」を批判している。

昔、エジプトの一地方に住む発明の神テウトがいて、神々の王タモスに言った。「（私の発明した）文字というものは、記憶と知恵の秘訣、これによりエジプト人たちの知恵はたかまり、もの覚えはよくなりましょう」。それに対しタモスが答えた。

「技術を生み出す力をもった人と、生み出された技術がそれを使う人々にどのような害を与え、どのような益をもたらすかを判別する力をもった人とは、別の者なのだ。人々がこの文字というものを学ぶと、記憶力の訓練がなおざりにされるため、その人たちの魂の中には、忘れっぽい性質が植えつけられる。それは、書いたものを信頼して、ものを思い出すのに、自分以外のものに彫りつけられたしるしによって外から思い出すようになり、自分で自分の力によって内から思い出すことをしないようになるからだ。また、あなたがこれを学ぶ人たちに与える知恵というのは、知恵の外見であって、真実の知恵ではない。彼らはあなたのおかげで、親しく教えを受けなくてももの知りになるため、多くの場合、ほんとうは何も知らないでいながら、見かけだけはひじょうな博識家であると思われるようになるだろうし、また知者となる代わりに、知者であるといううぬぼれだけが発達するため、つき合いにくい人間になるだろう」。

さらに、ソクラテスの台詞としてこう述べる。

「絵画が創り出したものは、あたかも生きているかのようにきちんと立っているが、君が何かをたずねても沈黙して答えない。書かれた言葉もこれと同じで、何か教えてもらおうと質問しても、何も答えてくれない。それに、言葉はひとたび書きものにされると、それを理解する人々のところであろうと、ぜんぜん不適当な人々のところであろうと、おかまいなしに、転々とめぐり歩く。ぜひ話しかけなければならない人々にだけ、話しかけ、そうでない人々には黙っているということができない。あやまって取りあつかわれたり、不当にののしられたりしたときには、いつでも、父親である、書いた本人の助けを必要とする。自分だけの力では、身をまもることも自分をたすけることもできないのだから」(プラトン(藤沢令夫訳)『パイドロス』、引用は一部省略や字句を補っている)。

だとすれば「書かれた言葉は、ものを知っている人が語る、生命をもち、魂をもった言葉の影にすぎないのか」と問うたパイドロスにソクラテスは「そのとおり」と答える。

『パイドロス』のこの部分は西欧哲学ではたびたび引用され、比較的新しいところではフランスの哲学者デリダや1章でも言及したオングも著書で触れている。その中身の検証はさておき、上記の話は、まるで直接的にインターネットを批判しているようでもある。

メディアの善悪をめぐる議論

ここではプラトンが述べている文字の功罪について議論することが趣旨ではない。技術を生み出す力をもった人と、その価値を判別する力をもった人とは、別の者だというプラトンの批判は非の打ち所のない正論であるが、そもそもプラトンの言葉自体、文字でパピルスに書き留められていなければ、私たちは知る術もない。どのような画期的な発明であったとしても、文字に始まり、インターネットに至るまで、あらゆる革新的メディアはそれが普及する過程で猛烈な非難を受けてきたということは確実に言える。

たとえば、電話も、アメリカでは、その普及によって人々の直接的交流の機会が減ると懸念された。ワープロでさえ、漢字を忘れる、単なる切り貼りが増える、といった表面的な批判だけでなく、生活に密着した具体的な語が使われることが少なくなり、また内面的思考力が衰えるといった指摘もあった。さらに、日本語文化において受け継がれてきた漢字の書字行為と脳の活動の連動が分断されることで「全身的思考力」が失われると述べた人もいた。彼は、やがて詩人や小説家が「文章作成機」を放棄するだろうとも予言したが、現実には、現在、ほとんどの作家がワープロソフトを用いている。

論争の的だったテレビ

そうしたメディアの中でもこれまで最も数多く議論が交わされてきたのはテレビだろう。「一億総白痴化」を招くといった私見だけでなく、青少年の学力、攻撃性、犯罪などとの関連が実証的に議論され、また最近も乳幼児の言語発達や空間知覚への悪影響について論争が続いている。

本章では、そのテレビと、近年急激に研究が進んでいるインターネットを中心に、主に社会心理学的アプローチによる実証研究の成果についていくつかの知見を紹介する。青少年の攻撃的傾向の助長や性犯罪との結びつきなど、多くの点でテレビとインターネットで同様の議論が展開されており、テレビに関する研究の知見がそのままインターネットにもあてはまることが少なくない。

テレビについては、様々な国で、それぞれの状況に応じた研究が行われているが、最も研究の蓄積の大きいのが、普及が早かったアメリカである。ここで日米両方の研究結果を比較することにより、「メディアと日本人」について一層、理解を深めることができよう。さらに、章の後半では、我々の生活にもたらした影響という点ではテレビにも劣らないインターネットをめぐる議論についても解説する。

なお、どのメディアも悪影響だけでなく当然、好ましい影響も多い。メディアの世界では、必ずしも社会や人にとって有益なものだけが生き残るわけではなく、また逆に「悪貨は良貨を駆逐する」わけでもないが、テレビをとってみれば、現実に私たちに与えてくれた恩恵には莫大なものがある。影響に善悪両面ある中で、本章では、弊害があれば、早急に対処すべきであるとして、社会的に問題視されてきた「悪影響」に限定して話を進めることにする。

2　メディアと暴力

テレビ普及に先立つラジオの時代から、アメリカではメディアの影響を過大視する傾向が見られた。その一つの背景として、ナチス政権下のドイツから亡命してきたアドルノやホルクハイマー、フロムらの社会学者の影響が大きい。

ナチスとラジオ

アドルノは音楽社会学者として有名だが、ナチス政権下のドイツで権力に盲従する人の心理を分析して「権威主義的パーソナリティ」を提唱し、フロムは自己実現が阻まれた人々が権威に盲従し、自らの自由を自己否定する心理的プロセスを精神分析学的に論じた。二人は、ナチスの躍進の理由をその宣伝戦略の卓抜性にあるとみて、とくにラジオの影響力が絶大であることを訴えた。

実際、ナチスは政権を取るや各家庭にラジオの設置を強制し(一九三三年には国内で四五〇万台であったものが一九四五年には一六〇〇万台に増加した)、ラジオ監視官なる役職まで設けて、連日「アーリア人種(ナチス的な独善的解釈による〝ドイツ民族〟)の優越性」を鼓舞するヒトラーの演説やプロパガンダ報道を流し続けて、結果的に多数のドイツ人を盲従させた。

アメリカでの宣伝研究

それを受け、アメリカでは政府内の情報分析機関とは別に「プロパガンダ分析研究所(IPA)」が設立されるなどして本格的な宣伝研究が行われ、ラジオの影響力が強調されていた。同研究所は一九三九年、大衆向けに『プロパガンダ七つの技法(The Fine Art of Propaganda)』を刊行した。これは当時アメリカで多くのリスナーを魅了したと言われるコーリン神父の説教を分析したものであり、その中で分析された技法として、著名人の権威を借りる「証言利用」や、流行に取り残されたくないという大衆心理を利用する「バンドワゴン」などは後にテレビのCMでも活用されることになる。

また、一九三九年一〇月にハロウィーンの余興としてオーソン・ウェルズが企画・出演したラジオドラマ「宇宙戦争」(原作はH・G・ウェルズ)が、音楽番組の中に臨時ニュースを挟んでいく、といった当時としては奇抜な演出で、多くの人が火星人の襲来を真実と思いこんでパニックを起こしたとされる事件や、一九四三年九月に女性歌手ケイト・スミスを使ってラジオの一八時間マラソン放送を行い、一日で三九〇〇万ドルの戦時国債を売り上げたという現象なども、ラジオのもつ影響力を過大視させるのに寄与した。

ラジオからテレビへ

その後、アメリカでは、投票行動の分析から、新聞も含めたメディアが限定的な影響力しかもたないことが実証的に明らかになったこともあり（支持候補の「改変」を引き起こす場合はまれで、多くは元々の意見の「補強」をする）、メディアの影響を過大視する強力効果説がやや下火になろうとしたとき、テレビが驚異的な速度で普及しはじめ、メディアの影響をめぐる議論の中心がラジオからテレビに移行することになった。

テレビの影響についての学術的な研究はアメリカが最も盛んで、世論形成への影響、その中でもとくに投票行動への影響、テレビと学力、青少年の暴力的性格の助長や犯罪との関連、乳幼児の認知発達への影響などについて、多くの研究が行われてきた。

シュラムらの研究

初期の研究として重要なのが、社会学者ウィルバー・シュラムらが、児童の日常的行動や学力などへのテレビの影響について大規模な調査を実施し、一九六一年に発表した結果である。調査は三年間にわたり、対象はアメリカとカナダの六〇〇〇人の子どもであるが、二〇〇〇組の両親と三〇〇人の教師にも協力を仰いでいる。

その結論は極めて明晰である。すなわち、テレビは様々な要因の内の一つに過ぎず、その作用も子どもによって異なる。「テレビが子どもにとって悪いとか良いとか言うことはできない。ある条件のもとで、ある種の番組は、特定の子どもにとって有害である。しかし、同一の番組でも、別の条件のもとにおいて、同じ子どもに対して、または、同一条件のもとにおかれた別の子どもにとっては、有益であることもありうる。最も普通の条件において、たいていのテレビ番組は、ほとんどの子どもにとって、格別有益でも有害でもない」。

この結論はまったくの正論であり、現在でも妥当する。

危険性の指摘

ただ、シュラムらはテレビ無害論だけを主張したのではない。同時に、テレビの危険性も指摘した。幼児は大人の世界について驚くほど無知である。子どもにとって、両親は親であっても男女ではない。警官や裁判官、神父は正義であり、犯罪を犯すのは別カテゴリーの人間である。しかし、テレビが描く世界には、大人の性生活や社会的腐敗が頻繁に登場し、実態以上に強烈に誇張されて描写される。その結果、知る必要のない時期に、好奇心に任せて子どもたちは大人の世界に首をつっこむことになる。やがて自分が仲間入りするはずの社会が、不必要なまでに貶められた描写に接することで、社会的義務の履行や規範の遵守という側面も含めた、まっとうな市民生活態度の形成に悪影響を及ぼしかねないという懸念も表明している。

テレビと暴力

テレビと暴力については、一九五四年に上院で「青少年の非行に関する小委員会」が組織され、公的に議論がはじめられた。その背景にはアメリカで五〇年代以降、凶悪犯罪が増加し、とくに犯罪に若年層が関わることが多くなったという社会的趨勢があった。たとえば、一九五一年にアメリカの殺人件数、レイプ件数はそれぞれ約六八二〇件、約一万六八〇〇件であったが、一九八〇年にはそれぞれ二万三〇〇〇件、七万八九〇〇件といずれも急増している(ちなみに、日本は一九五四年に殺人件数が三〇〇〇件を超えたが、それ以降、アメリカとは逆に減少に転じた)。

また、一九六三年のケネディ暗殺、一九六八年のルーサー・キング暗殺など、六〇年代にはアメリカでインパクトの大きい事件が多発した。それもあって一九六八年にジョンソン大統領は議会内に「暴力の防止と原因に関する委員会」を立ち上げさせ、さらに関係機関に「メディアと暴力の関係」に関する研究の集約を指示する。

一説にジョンソンがこの時期ことさらテレビの影響を問題にした背景には、ケネディ暗殺の黒幕であることを示唆したメディアに対する憎悪や、ベトナム戦争の敗因の一つがメディア、とくにテレビが国民の厭戦ムードを増幅し、反戦活動を煽った、との思いこみがあったとも言われている。

悪影響説に傾く研究結果

研究成果のひとつで一九七二年に発表された「公衆衛生局長官報告」では、それまでの学術研究を総括した上で、「テレビ視聴は青少年の暴力的傾向に影響を及ぼす」との結論を下している。その根拠となった研究のひとつは、人形に暴力を加えたシーンを視聴させた幼児の一部、とくに男子は、直後に模倣的暴力行動を行うというバンデューラらの実験結果である。

その後も、アメリカの公的な組織が発表する報告では、テレビが青少年の暴力的行動に悪影響を及ぼすとの結論を下したものが多く出された。

一九八五年のアメリカ心理学会報告でも「悪影響がありうる」とそれまでの研究を総括した。概して、アメリカの心理学、小児科学、児童精神医学などの学会は、メディアの影響について提言することに積極的であり、今日に至るまで否定的な側面を強調することが多い。学会提言であるから、かなりの影響力をもつが、一方で個々の研究者には、「学術的にはそこまで強くは言えない」という意見をもつ人も多い。

「循環モデル」

心理学会はさらに一九九三年にも、八五年と同趣旨の報告を行い、「循環モデル」を提唱した。すなわち、暴力シーンが悪影響を及ぼすのは主に暴力的な素因を強くもつ子どもに対してであり、そのような子どもは、友人もできにくく、学校生活に不満をもつことが多く、家にこもってテレビ視聴時間が長くなる。テレビでは問題解決に暴力を用いるシーンが頻出し、それに接することで自分の暴力的傾向を正当化し、新しい暴力も学んでさらに暴力的になる。その結果、ますます友だちが離れ、学校がおもしろくなくなる、といった循環が起こる、というのがそのモデルである。

一九七〇年代以降の調査研究の多くで、暴力的なシーンを多く含むテレビ番組をよく見る子ほど、日頃の素行で暴力的な傾向が強いことが見いだされ、いくつかの研究では、統計的にも有意な関係が示された。

因果の方向性

しかし、ここでまず問題にすべきは、仮に暴力的番組の視聴と日頃の素行の暴力的傾向が統計的に有意な関連をもっていたとしても、その因果の方向性である。つまり、暴力的な番組視聴(メディア)が性格ないし行動に影響を及ぼしたのか、あるいはもとより暴力的な傾向をもつ子が、好んで暴力的な番組を視聴するのか、少なくとも単発的な調査からはどちらとも断言できない。

この点に関しては、同一人物を数年の年月をおいて追跡調査し、変化をみる「パネル調査」によってある程度、方向性が推定できる。もし、メディアが性格や行動に影響をもつのであれば、メディアの効果は蓄積的であることもあり、若いときのメディア接触が、数年後の追跡調査時の暴力的性格・行動とも強い相関傾向を示すことが予想される。一部の調査では、このことが実証されたが、同様の調査設計の他のパネル調査では、明瞭な結果が得られなかったものもあり、一概に暴力的番組が性格や行動に悪い影響を与えるとは結論できない。

擬似相関

「暴力的番組の視聴と日頃の素行の暴力的傾向が統計的に有意な関連」という点にはもう一つ大きな落とし穴がある。それは、暴力的番組の視聴と、その子の暴力的傾向の背後に、それらを導く別の大きな要因があり、両者の関係は擬似的なものに過ぎない、すなわち「擬似相関」なのではないかという疑いである。

様々な人種が寄り集まったアメリカ社会では経済的格差も大きい。概して言えば、高所得層の親は子どもの教育に熱心で、子どものテレビ視聴時間は短い。一方、非白人系で低所得層の家庭では、子どもが家に一人でいる時間が長く、テレビ視聴時間が長い。後者の子どもは往々にして家庭環境に恵まれず、学校の授業にもついて行けず、つきあう仲間も素行の良くない友人が多く、ふるまいも粗暴になりがちである。

そのような子どもの好む番組は、教育的番組や教養番組ではなく、アクションドラマやアニメ、格闘技系スポーツであろう。結果的に「暴力的番組をよく見る子どもほど、暴力的傾向が強い」という関係が示されることになる。前出の心理学会が一九九三年に提起した「循環モデル」は実態をついている。しかし、そこでは意図的にか、基底要因として、家庭環境も含めた社会経済的状況への言及を欠いている。

Vチップの導入

メディアと暴力の影響関係が明らかでないまま、アメリカでは一九九九年以降、新しく販売されるテレビにはVチップが導入された。これは暴力、セックス、下品な言語使用など、子供に悪影響を与える可能性のある内容を含む番組に、あらかじめレイティング(番組が「暴力的である」などの評価付け)を施し、親などの設定により、子どもがその種の番組を視聴できなくする仕組みである。しかし、レイティングの基準のあいまいさや表現の自由との兼ね合いの問題がある他、貧しい家庭ほどVチップを装着したテレビを所有せず、経済格差がさらに教育格差を生むなどの批判がある。

日本での調査

日本でテレビが暴力的傾向に及ぼす影響を検証しようとしたのが、一九六一年から一九六二年の日本民間放送連盟による「テレビと非行少年調査」である(東京大学、京都大学、大阪大学に研究委託)。この調査では、少年院に収容中の「非行少年」も調査対象に加えることで、非行とテレビの関連を直接的に検証しようとした。

結果として導き出された結論は、「非行と関係するのは、もともとの個人の性格と社会的環境条件の相互作用であり、テレビの視聴は直接的原因とはなり得ない。家庭のしつけや教育が適切で、特殊な犯罪的素因がなければ、暴力の行使や犯罪に対して自己抑制が働く」というものである。

その後、「いじめ番組」をよく見る子ほど「いじめ」を行う傾向があることを示した調査(一九八六年文部省調査)などがあるが、日本における大規模な研究事例では、テレビ視聴と暴力的傾向の関連を明瞭に示した調査研究はこれまで非常に少ない。

一方で、内容分析研究によれば、日本のテレビ番組における暴力シーンの登場頻度は欧米の番組に比べけっして少なくはない(岩男壽美子『テレビドラマのメッセージ』)。これはたとえば、水戸黄門などの時代劇や子ども向けアニメ(実際、欧米で放映されるたびに現地で問題視されることが多い)を思い起こせば容易に納得できよう。それでも、日本の研究では、児童のテレビ視聴と暴力的傾向との間にはほとんど何の関連も見いだし得ないのである。

相対的に非暴力

その理由はいくつか考えられるが、まず日本の青少年はアメリカと比べれば、そもそも非常に非暴力的だということである。先にアメリカなどの調査で、テレビ視聴と暴力的傾向が測定された、と述べたが、たとえばある調査では、暴力的傾向を測定する質問に「他人から何かを奪うためにナイフや銃などの武器を使った」などの項目が含まれている。こうした項目を、日本の児童や高校生に提示しても、肯定的な回答をする率はほとんどゼロに等しくなる。

したがって、テレビ視聴との関連を分析しても、分析モデル自体が適切性を欠くことになる。まして、「犯罪」との関連となると、凶悪犯の少年犯罪率は日本は先進国中でも際だって低いのである。

少年犯罪とメディア

二〇〇八年における少年刑法犯の検挙人数(交通関係を除く)は九万九六六人であるが(警察庁資料)、これは戦後のピークであった一九八三年の一九万六七八三人から見れば半減しており、近年をみても二〇〇三年の一四万四四〇四人から連続して減少している。さらに殺人、強盗、放火、強姦の少年凶悪犯だけを見れば、戦後のピークの一九六〇年の八二一二人から、二〇〇八年には九五六人と八分の一以下に激減している。

少年犯罪の増加に頭を悩ませるアメリカとは逆の現象であり、少年凶悪犯の推移をみただけで、テレビの普及は青少年の暴力的傾向とほとんど結びついていなかったことがわかる。また、刑法犯の二〇〇三年以降の連続的減少は、インターネットの普及による情報環境の変化も、青少年の不良行動とは無関係であることを示唆している。

いつでも繰り返される「最近の少年は凶暴化している」との認識は、実際の犯罪発生よりも、メディア報道に影響されるところが大きく、たとえば「神戸・酒鬼薔薇事件」の発生した一九九七年には、朝日新聞だけで少年による殺人事件報道記事が過去に例を見ない数の年間三〇〇件を超え、その後も少年による数少ない殺人事件はそのたびごとにテレビや新聞で大々的に報道される傾向が続いている。

暴力シーンの描き方

日本でテレビの暴力シーンが青少年の暴力的傾向に結びつかない二つ目の理由は、暴力シーンの描き方にある。先述したように、日本の番組ではアメリカと比べた場合、むしろ暴力の登場頻度は高い。

しかし、日米の内容分析研究が明らかにするところによると、アメリカでは暴力が正当化されがちで、暴力を行使することにより、問題が即決したり、報復を完遂したり、社会的地位が上昇したりするなど、いわゆる「正の報酬」が与えられるように描写される。暴力の行使者もたいていはドラマなどで重要な役割を担わされ、魅力的な俳優が充てられる。

一方、日本の番組では、暴力を行使することにより処罰を受け、自分も周囲も苦境に陥り、悔やむことになるケースが多いなど「負の報酬」が与えられる場合が多い。日本の暴力は、暴力行使者に対する懲悪が基本であり、悪を懲らしめるために正義が暴力を振るうことはあっても、それはあくまで悪の暴力に対する処罰として描かれる。

また、アメリカでは暴力を受ける側においても苦痛にゆがむ顔のアップが少ないなど、美化されており、流血シーンも少ない一方、日本では、苦痛にゆがむ表情や嗚咽、悲鳴を詳細に描写することが多く、精神的ダメージを含めウェットに描かれる傾向にある。

流血シーンの多寡については、よく使われる武器がかたや「銃」かたや「刀剣」であって、その違いも反映している。結局、日本では多くの場合、暴力シーン自体が、暴力はよくないという反暴力メッセージになっている。

媒介要因の相違

第三の理由は、既に述べた擬似相関が日本で成り立ちにくいという点である。アメリカでは、社会経済的要因を媒介として、家庭環境が劣悪な子どもほどテレビをよく見る傾向にあることを述べたが、日本では、テレビ視聴に関し、必ずしもそのような傾向は見いだせない。そもそも子どもをもつ家庭の所得格差が、少なくとも以前はアメリカほど大きくはなかった。

共視聴

第四の理由は、保育者との共視聴である。日本はアメリカと比べ、母親の有職率が低く、家庭で子どもと一緒にテレビを見る時間が長い。家屋の狭さもあって、テレビが家に複数台あったとしても、大半はリビングのテレビをほかの家族が共視聴することが多い。

その場合、共視聴者、とくに幼児や児童と共に番組を見る母親は、たとえば「この人、残酷ね」とか「こんなことしちゃダメよ」などのように、反暴力的メッセージを口にすることも多い。これが結果的に、暴力シーンを反面教師化している。

3 テレビは子どもの発達を阻害するのか

アメリカでは、テレビ番組の中身だけではなく、テレビを過剰に見ること自体が子ども、とくに乳幼児に対してどのような影響を及ぼすのか、医学や脳科学の領域の研究者も巻き込んで、普及初期からさかんに議論されてきた。

テレビと脳波

簡便な脳波の計測器が開発された一九六〇年代に、「テレビを見続けた場合、脳波は緩慢化する」という研究結果が発表された。その結果、テレビ視聴中は、認識、記憶、分析などの思考に基づく学習はほとんどおこなわれず、一種の睡眠教育が演じられるという趣旨の啓蒙書も複数公刊され、アメリカでは一時「ゾンビー・チャイルド」というキャッチフレーズが広く人口に膾炙した。

その後、テレビ視聴と脳波に関しては、テレビCMの効果測定とも関連して、いくつかの実験研究が行われ、一つの番組の中でも優勢な脳波はめまぐるしく変化すること、視聴者がつまらないと思う番組では脳の緩慢な動きを示すアルファ波が優位になることなど、ある意味では自明な結果が報告されている。

とはいえ、読書など能動的な情報行動に比べれば、概してテレビ視聴は受動的であり、時間経過と共に脳の活動が低下していく傾向にあることも確認されている。

セサミストリート論争

テレビへの過剰接触が児童の行動や認知活動へ及ぼす影響についても一九七〇年代以降、医学界から臨床報告がなされはじめる。小児科医ハルパーンは、病院につれてこられる三歳未満の多動的傾向をもつ児童の大多数がセサミストリートを見ていたことから、番組で多用される画像技法(ズームの多用やシーンの激しい切り替え)が、子どもたちの神経システムに対して刺激過剰状態をもたらし、そこからくるストレスが落ちつきのない行動として発散されているのではないか、と疑問を呈した。この話はその後、心理学者や教育学者も巻き込んで「セサミストリート論争」に発展する。

「セサミストリート」は元来、低所得層の非白人系の児童を主な視聴対象と想定し、小学校就学までに、アルファベットと数字を覚えさせることを番組制作の目的とした教育番組であり一九六九年に始まった。教育熱心でない親のもとで育てられた子どもたちにも番組への関心を持続させるために、制作にあたっては、教育工学者や心理学者だけでなくCMプランナーの意見も参照している。その結果、早い場面転換、極端に短い間、高頻度で駆使されるズームや左右動、めまぐるしい音量変化などの技法が駆使された。

クローズアップや突然の音量増加は、本来、物が飛んできたり、爆発があったりすることの徴候であり、人の脳は本能的に防御や逃走の準備に入る。しかし、すぐに運動反応の信号を出すのは無意味であることを理解する。このような状況が頻出すると、やがて脳と身体の自然の反応体制は分断され、児童の多動的傾向やフラストレーション、突発的な興奮傾向などをもたらすと一部の医学関係者や心理学者が主張した。

さらに「セサミ」は言葉を、自然な環境の中で意味と結び付けて提示することはせず、アルファベットを優先させ(しかも字を踊らせながら)、押しつけるように覚えさせようとするから、実際には語彙の習得には結びつかないという批判もなされた。

批判は妥当か

セサミストリート論争は、様々な研究と関連づけられ、またセサミ視聴者に焦点をあてた独自の研究も企てられた。それぞれの結果は一様ではない。小学校三、四年次においては、乳幼児期にセサミを長時間見た子ほど、学力が低いという研究もある一方で、セサミを長時間視聴している子ほど、語彙力が高いという研究もある。しかし、それがセサミの視聴の影響か、属性的要因の影響か(アメリカでは家庭環境の良くない子ほどセサミをよく見るという傾向があった)の弁別はむずかしい。

また、映像技術の悪影響に関しても、セサミを見ながら自然に画像文法を習得し、視聴技能や空間概念の認識能力が発達するという意見もあり、ある対象について様々な角度からカメラでとらえても同じものは同じものとして認識できる、すなわち視点の転換の能力をみるテストでは、セサミをよく見ている子の方が結果はよかった、という報告もある。

現実とテレビの混同

テレビ画面上のできごと(バーチャルな世界)と現実との混同の問題に関しては、近年、認知科学の研究や脳科学の発展で、ある程度、解決の糸口が提示されつつある。

たとえば、おもちゃの車がテレビ画面内の坂道の片端から転がり下って反対側の端から消える場面を呈示した場合、生後六カ月の乳児はテレビの脇に設けられたスクリーンの裏におもちゃがあると予想する(注視時間が長い)のに対し、生後一〇カ月の乳児ではそのような行動を見せない。しかし、テレビ画面ではなく実際のおもちゃを転がす条件ではスクリーンに隠れたと予想する。つまり、一〇カ月の乳児はテレビの世界と現実との違いを認識していることが示唆されている。

また、動作を観察する際の脳の活動を近赤外線分光法で計測したところ、生後六カ月から七カ月の乳児でも、物体運動と人の動作とを明確に区別して知覚し、また大人と同様、人の動作の知覚に関して、現実の動作とテレビを通した動作観察とでは、脳レベルでの反応が異なり、現実と映像の違いをはっきり区別していた。

こうした研究が示唆していることは、少なくとも生後六カ月以上になれば、テレビ上の人や物体の動きを、明瞭に現実世界のできごとと区別して知覚しており、テレビ上の映像の動きに対し、現実世界と同様に脳が反応することはなさそうだということだ。したがって、かつてハルパーンたちが懸念したようなメカニズムでテレビ視聴が多動的傾向を誘発する原因になる可能性は少ない。もし、臨床的観察例において、乳幼児におけるテレビの過剰視聴と多動的傾向に関連が見られたとするなら、それはテレビの映像技法の影響というより、他の要因が介在しているケースが多いと考えられる。

言語発達との関連

テレビへの過剰接触の影響に関しては、言語発達の遅れを懸念する研究者もいる。乳児は出生した段階で既に、単なる機械音と言語音を区別している。また、単に言語音を区別しているだけでなく、人間の肉声、とくに女性の声の高さに優先的に反応することも確認されている。これは、あえて人間が「生理的早産（動物学的にみて、本来、胎内にとどまるべき期間より早く出生する現象）」の状態で出生し、生まれた場所の言語文化に応じた言語習得を容易になすために進化がもたらした生得的メカニズムである。

もし乳児が言語音も他の雑音も、まったく同じ音としてしか脳で処理できないとすれば、すなわち、何が「言語データ」で何がそれ以外か、瞬時に区別できないとしたら、特定の言語の「文法」を脳裡で構築することなど不可能であろう。

いっぽうで、肉声ではなく、機械装置（テレビなど）から音声刺激と視覚刺激が同時に呈示された場合、乳児は視覚刺激の方に優先的に反応する。その理由の一つは、機器に相互行為性が見られないからである。つまり、新生児は人の語りかけに同期して手足を動かし、語りかけた大人の方も無意識にうなずきなどの動作で反応する。乳児はその過程を通して、自分が人声を聞き取ったことを「確認」するのである。ところが、当然ながらテレビやビデオなどの機器は乳児の反応に対するリアクションがない。

したがって、画像メディアの言語音に対しては、人声に対する反応の優先性は働きにくくなることになる。もし仮に乳児において、テレビやビデオへの接触が、人間との接触を大幅に上回るような状況が生じたとすれば、本来プログラミングされていた、言語に関する神経基盤の成熟が阻害されてしまいかねない。

衝撃を与えた言語力調査

一九八〇年のカリフォルニア州教育評価プログラム（CAP）による調査報告はメディア研究者に大きな衝撃を与えた。小学校六年相当の児童二八万人および高校三年相当の生徒二三万人に対するテストの結果、いずれにおいても、長時間にわたりテレビを視聴する生徒ほど読解力、作文表現力などの言語能力が劣っていた、というものである。

調査では読書時間や宿題に費やす時間も調べられたが、それらの時間を統計分析上調整しても、テレビ視聴時間と学力との負の相関傾向は妥当した。したがって、テレビを見ることによって読書や勉強をする時間がなくなるから成績が低下する、という単純な時間剝奪説は成り立たない。

さらにCAPは八一年春、州内の六年生児童の一部に対し、テレビ視聴と学力の関係について詳細な調査を実施した。その結果も八〇年と同様の傾向が示された。しかも、社会的階層（この調査の場合、公的調査という制約から、親の職種で代表されている）という変数を考慮しても両者の負の相関関係は成立し、とくに社会的にハイランク（知的職業）の子どもの場合に、テレビ視聴時間が長いほど学力が低いという傾向が顕著であった。しばしば議論されるように、家庭の社会経済的状況を介した擬似相関でもないということになる。

アメリカにおけるこの調査結果は、映像メディアへの過剰視聴が、子どもの読解力・表現力にとって阻害要因になることをかなり強く示唆している。

ビデオ、ケーブルテレビの普及

アメリカでテレビが急速に普及したのは一九五〇年代である。なぜ一九八〇年に実施された調査結果が重視されたかは、そこにケーブルテレビやビデオの普及がからんでくるからである。一般に乳幼児が関心を示すテレビ番組はごく限定されている。いわゆる幼児向け番組やアニメである。ビデオが普及していなかった時代、「時刻」が子どものテレビ視聴を管理していた。当然のことながらほとんどの子どもはニュースや大人向けドラマに興味を示さないからである。

ところがビデオはこの時間的制約を完全に取り払った。親にとっても、ビデオは恰好の子守役になった。録画したりレンタルで借りてきたりすることによって、彼らの興味を長時間つなぎとめておくことができ、子どもに対してもものわかりのよい親の役割を演じることができる。

ケーブルテレビについても同様なことがあてはまる。アメリカの「ニッケルオデオン」「ディズニーチャンネル」、欧州の「チルドレンチャンネル」、日本の「こども・アニメ専門チャンネル」といったサービスは、朝から晩まで子どもの好きな番組を放映してくれる。アメリカでは多くの調査が、子どもをもつ世帯ほどビデオの所有率が高く、またケーブルの加入率が高いことを示している。ビデオやケーブルテレビによって、子どもたちが好んでテレビ漬けになり、その結果が言語力テストの得点の低下を招いたと一部の研究者が心配したのである。

日本における研究

テレビと乳児の言語発達との関連については日本でもいくつか大規模な研究がなされている。日本小児科学会「こどもの生活環境改善委員会」は、一歳六カ月検診対象児一九〇〇人について行った調査の結果、テレビ四時間以上の長時間視聴児では、四時間未満の乳児に比べ、有意語出現の遅れが高率(一・三倍)であり、また子どもの近くでテレビが八時間以上ついている家庭の子どもで有意語出現の遅れの率が高く、両者が重なると、そうでない乳児に比べ、有意語出現の遅れの率は二倍に達した。

これに基づいて同委員会は二〇〇四年四月「乳幼児のテレビ・ビデオ長時間視聴は危険です」と題する提言を行った。骨子は、「内容や見方によらず、長時間視聴児は言語発達が遅れる危険性が高まるため、二歳以下の子どもにはテレビ・ビデオを長時間見せないようにしましょう。テレビはつけっぱなしにせず、授乳中や食事中はテレビを消しましょう」というものである。

また、NHK放送文化研究所を中心としたプロジェクトでも二〇〇三年以降、継続的に調査を実施しており、二〇〇五年の報告書によれば、一歳児の表出語彙数は、テレビ接触視聴時間と統計的に有意な負の相関をもった。つまり、テレビをよく見る乳児ほど、言葉の発達が遅いことを意味する。

外遊び、絵本が影響か

しかし、他の要因の効果も調整して分析する重回帰分析で、「外遊びの時間量」「絵本を読んでもらう頻度」を同時に説明変数に加えて分析した場合、テレビ接触視聴時間と表出語彙数の関連は、方向的には負であるものの有意な関連ではなくなった。なお、「外遊びの時間量」「絵本を読んでもらう頻度」はともに表出語彙数とは有意な正の関係があり、外遊びが多いほど、絵本を読んでもらうほど、言葉の数が多かった。

ここで、先述した結果の一つの解釈として、「外遊びの時間や絵本を読んでもらう頻度は言葉の発達に好影響を与えるが、テレビ接触視聴時間の長い子どもは、家庭環境等の要因もあって外遊びの時間や絵本を読んでもらう頻度が低く、その結果、表面的には「テレビ接触視聴時間が長いほど言葉の発達が遅れる」ように見える」という説明も成り立つ。

同じプロジェクトのその後のパネル調査によれば、一歳時のテレビ接触視聴量と二歳時の表出語彙数とには有意な関連が見られなかった。つまり、必ずしもテレビ視聴が言葉の発達の遅れの中心的な原因とは言えないということである。また、この調査では、両親の解説行動(見ているテレビの内容について子どもと話すこと)に、表出語彙数と有意な正の相関が示された。テレビを子どもと見ながらその内容について話すことは、言葉の発達に好影響を与えるのである。

テレビと言語発達に関する日本での研究結果はアメリカより複雑である。現実の世界では、親の養育態度や他のメディアの利用など、様々な変数が介在しており、「テレビ視聴時間と言語発達の関係」を純粋に取り出して分析することは極めて困難だということである。したがって、現段階では、言語発達にとってテレビ視聴が阻害する要因になるとも促進する要因になるとも明確には断定できない。

ヘルドとハインの実験

もし仮に、生まれてからテレビばかり見せ続けられたとすれば正常に視覚系は発達するのだろうか。物は見えるとしても、距離感や奥行き感覚に異常は生じないのだろうか。もちろんこのような疑問に直接答えるような研究は存在しない。しかし、その答えに近い知見を一つの研究に見いだすことができる。

一九六〇年代にアメリカでヘルドとハインという二人の研究者が興味深い実験を行った。

ネコの視覚発達の臨界期は生後から四カ月以内といわれ、その間ずっと暗室内で育て続ければ視覚は正常に発達しない。臨界期内に適正な視覚刺激を与えると視覚は回復する。

八週間から一二週間ずっと暗室で飼育し続けた八組の仔ネコを一日三時間に限って図3-1のような特殊な実験装置状況下に置いた。仔ネコは自分で歩く能動群（図中A）と箱に乗せられ

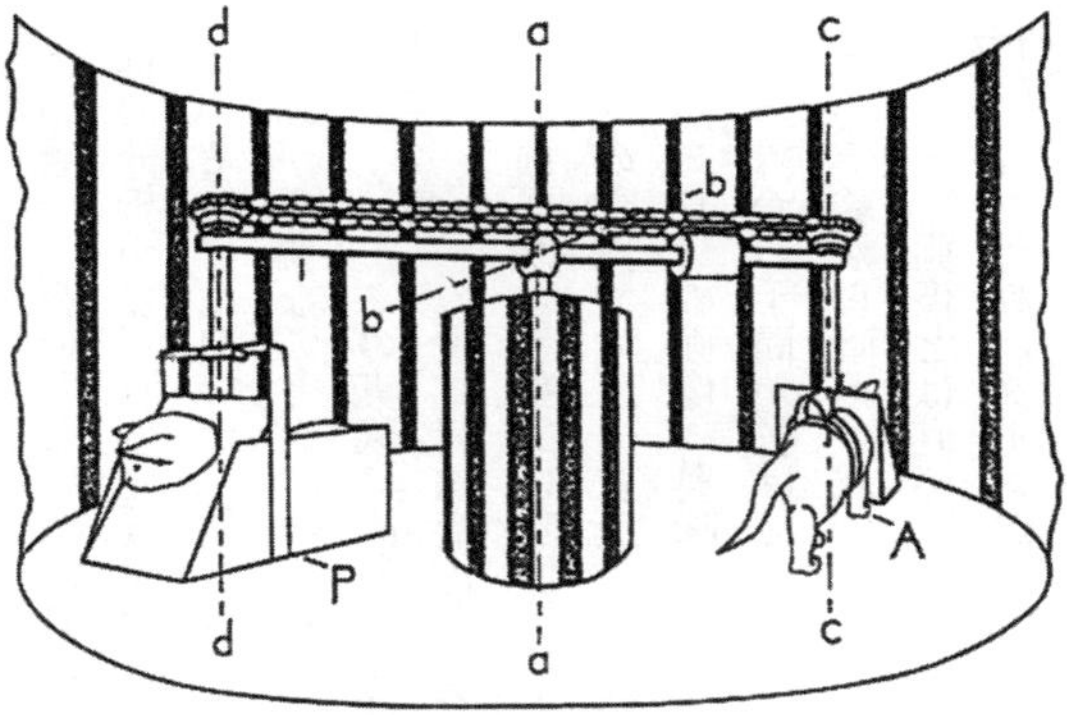

出所：Held, R. and Hein, A. Movement-produced stimulation in the development of visually guided behavior, *Journal of Comparative Physiological Psychology*, 56, 1963

図 3-1　ヘルドとハインによる視覚の発達実験

た受動群（同P）に分けられ、能動群は自分の四肢の運動と連動して円形舞台が回転し、視覚環境が変化する。一方、受動群は、箱に乗せられているので、自分の四肢の動きと無関係に視覚環境が変化する。この装置内に置かれる時間と視覚環境は、両群まったく同じである。

実験の結果、能動群においては、視覚と関連する行動にとくに異常はみられなかったが、受動群のネコには異常がみられた。たとえば、両側の谷の深さに差のある崖状の台にネコを置くと、能動ネコはほぼ一〇〇％浅い谷に着地するのであるが、受動ネコの着地はランダムで、深い谷を回避するという傾向がみられなかった。

抱きかかえてテーブルに近づけても、受動ネコはその上に前肢を置こうとしなかった。また、ボールが眼前に飛んできても(実際にはガラス板で保護されているが)逃げようとはしなかった。

この場合、脳のどこに機能異常が生じたかは明らかでない。しかし、受動ネコの様々な反応特性の分析から、脳の皮質連合野の機能発達に異常が生じ、視覚誘導行動がうまくできなくなっているのではないかと推察されている。逆にいえば、大脳皮質連合野の機能の発達には能動的運動が必要なことが示唆される。

実験の含意

この実験で能動ネコは、人間の赤ちゃんが通常の環境でハイハイをしながら外界の視覚刺激変化を受容する状況、受動ネコは揺りかごに寝かしつけられ、テレビなどの画面から受動的に映像情報を受容する状況に擬せられる。

ヒトの乳児で大脳皮質連合野の統制による行動が発達するのは生後四カ月といわれている。乳児がテレビの画像に興味を示し始めるのもちょうどこの時期である。赤ちゃんがおもしろがっているから手間が省けていい、とビデオを子守がわりにしておくことがいかに危険であるかがこの実験から暗示されよう。

画像とは直接関係はないが、長時間ずっとすわってテレビ画面を眺めているような行動パターンが、乳児期においては脳の発達を阻害することを示唆する研究もある。

ラットの研究

ラットを刺激の乏しい環境条件と刺激の豊かな環境条件に分けて離乳後八〇日間飼

育する実験で、豊かな環境下のラットの方が大脳皮質重量が有意に重いことが見いだされた。この場合、「刺激の豊かな環境」とは、玩具が備わり遊び仲間がいる状況を意味している。人の場合、ヘルドとハインが行った実験のように、赤ちゃんがずっと手足を動かさず映像ばかり眺めている状況は考えられず、また、環境を構成する要素はもっと複雑なので、ラット実験の知見を単純に援用することもできないが、少なくとも、能動的身体運動をほとんど伴わないテレビ、テレビゲーム、パソコンなどへの過剰接触が、乳児期の脳の発達にけっしてプラスにならないということは十二分に示唆されているだろう。

4　インターネットは孤独を招くか

生活への浸透

これまでテレビの負の影響について、いくつかのトピックスを概観してきた。日本でも二〇〇〇年以降、急速に普及してきたインターネットは、消費する時間においても、また娯楽情報や生活情報の取得、コミュニケーションといった領域で大きく生活様式を変えたという点においても、テレビに匹敵するインパクトを我々に与えつつある。本章の後半では、そのインターネットの負の影響について、いくつか議論になった問題を紹介する。

情報メディアの利用時間は、二〇一〇年の「日本人の情報行動調査」でもテレビが群を抜いており(平均一八四・五分)、インターネットは「パソコンでメールを読み書きする」が一九・七分、「パソコンでサイトを見る」が一八・六分、「携帯でメールを読み書きする」が二〇・六分などで、テレビに比べれば消費時間量はかなり少ない。

しかし、それは調査当日の行為者率が低いからであり、たとえば「パソコンでメールを読み書きする」は行為者率二七・〇%にすぎない(テレビの行為者率は九一・四%)。調査日に実際にメディアを利用した人に限定して、その日の利用時間(行為者平均時間)をみれば、「パソコンでメールを読み書きする」が七三・〇分、「パソコンでサイトを見る」が八四・四分と、かなり長い時間を消費していることになる。

ネットの影響

インターネットは、前章でみてきたように機能的には既に新聞や雑誌に代替しつつあるが、利用時間でも将来的にテレビを脅かすメディアに成長する可能性をもっている。当然、他の情報メディアの利用への影響といった側面だけでなく、我々の交友関係や精神面にも様々な影響を及ぼしているはずである。

もちろんインターネットは様々なアプリケーションの集合であり、メールのようにもっぱらコミュニケーション・ツールとして用いられるものの他、多くのウェブサイトのように、情報の収集や娯楽のソースとなるもの、ブログや掲示板、SNSのように交流、自己表現のために活用されるものなど、その機能は多岐にわたっている。

いずれにせよ、本来、ほとんどの情報メディアがそうであるように、インターネットは、人との交流を深め、豊富な情報を提供・交換し、我々の精神生活を豊かにするツールとなるべく開発されたはずである。インターネットの場合、そうしたプラスの影響を実際我々にもたらしたのだろうか。

様々な情報を提供するメディアということでは、情報の種類によってテレビや雑誌などと同様な議論ができるが、青少年の暴力的傾向の助長など、既にテレビに関して述べた問題はここでは割愛し、人との交流や家族とのコミュニケーション、孤独感などの精神的健康への影響、あるいは世論形成過程に及ぼす影響に限定して実証的研究の成果のいくつかを紹介する。

アメリカでの研究

日本よりインターネットの普及が先行したアメリカでは、普及の早い段階からインターネットが社会生活や精神状態に及ぼす影響について議論が盛んに交わされてきた。

インターネットは電話以上の情報量を交換できるツールであるから、よりコミュニケーションを活性化し、社会参加を活発にするという見解がある一方で、直接的コミュニケーションでないから人々の結びつきをむしろ希薄化すると主張する人もいる。また、インターネットを利用すること自体、時間を消費するから、家族とのコミュニケーションを減らす作用があるという見方もあるが、互いの連絡が密になることで、むしろ関係を濃密にするという意見もある。

クラウトらのパネル調査

カーネギーメロン大学のクラウトらは、こうしたインターネットの影響を実証的研究によって明らかにするために一九九五年三月からパネル調査（同じ対象者に対する追跡調査）を試みた。焦点をあてた分析項目は、社会的ネットワークの規模、家族とのコミュニケーション量、孤独感、抑鬱傾向であり、これらがインターネットを利用しはじめてからどう変化するかを調査した。

調査対象者は、ペンシルバニア州ピッツバーグの九三世帯二五六人（最終的には七三世帯一六九人）、いずれも一〇歳以上でインターネットをはじめて利用する人たちである。調査は、各世帯に無料でパソコンとソフトウェアを配布し、インターネットには無料でアクセスさせた。

調査研究の結果は次の通りである。

まず、対人関係では、家族とのコミュニケーション（家族のメンバーに対面会話時間を報告させ、その平均値から算出）は、インターネットを多く利用する人ほど減少した。社会的ネットワークの大きさ(「地域内で月一回以上、会ったり、話をしたりする人の数」を自己報告から算出)は、インターネットを利用する人ほど規模が縮小した。心理傾向では、多く利用する人ほど、孤独感や抑鬱傾向が増した。

インターネット・パラドックス

本来、インターネットはコミュニケーションを活性化し、ネットワークを拡大するメディアであるはずにもかかわらず、家族とのコミュニケーションが減少し、社会的ネットワークの規模が縮小し、精神的にも、孤独感や抑鬱傾向が増していく。メディアとして、その目標とする機能と、実際の効用・影響との関係は一種のパラドックスではないかとして、クラウトらは、調査結果をまとめた論文に「インターネット・パラドックス」というタイトルを付けた。

この結果に対する反応は極めて大きく、学会だけでなく、アメリカの産業界、政府関係者にも強い衝撃を与えた。反響の大きさもあって、クラウトらは自らの研究の検証のため、ただちに第二回調査に着手した。

第二回調査

第二回調査は、第一回の調査対象者に対するフォローアップ調査と新規パネル調査の二つからなる。フォローアップ調査は、第一回調査の対象者に対して一九九七年から再度調査を実施し、新規パネル調査では地方紙の広告で新たな参加者を募集し一九九九八年から調査が開始された。

二通りの調査研究の結果はいずれもほぼ同様であるが、一回目の調査とかなり異なっている。すなわちフォローアップ調査では「家族とのコミュニケーション時間」「ネットワークの規模」「孤独感」「抑鬱傾向」のいずれも、インターネット利用と有意な関連をもたないことが示された。また、新規パネル調査でも、「ネットワークの規模」について、インターネットをよく利用する人ほどネットワークが拡大する傾向が見られ、第一回調査と逆の結果が出たほかは、インターネット利用と有意な関連が見いだされなかった。第一回調査による「インターネット・パラドックス」はほとんど否定されてしまったのである。

ではなぜクラウトらの第一回調査では、インターネット・パラドックス現象が生じ、第二回調査ではそれが消えてしまったのか。

「弱い絆」仮説

クラウトらは、第一回調査の結果について、ネット利用によって時間が奪われることで家族とのコミュニケーションは減少し、また現実世界での社会参加の機会も奪われたと考えた。では、精神的に非健康度が増したのはなぜか。調査結果からは、「メールの利用頻度が高い人ほど抑鬱傾向が増す」という結果も示されている。

そこで彼らが持ち出したのは「弱い絆」仮説である。すなわち、インターネット上で得られるコミュニケーションは日常的環境に埋め込まれたものでなく、その絆は、現実世界での絆に比べ弱い。コミュニケーションをしても、相手に対する理解も不十分であり、自分も十分理解されていないという不満感が生じやすく、「弱い絆」だから関係は容易に霧消することもある。そして、現実世界の強い関係の一部が、その弱く貧弱な質の社会関係に置き換えられてしまう結果、人々はより孤独になり、やがて社会的ネットワークも縮小していくのだと推測した。

利用者の慣れ

一方、第二回調査のフォローアップ調査でインターネット・パラドックス現象が消滅したことについては、一つの要因として利用者の慣れ・成熟をあげている。インターネットの目新しさが失せ、利用者は主に自分にとって満足感が高く便益性の高いものを中心として利用するようになるだろう。初期には孤独感、抑鬱性が増すが、やがてメディア利用のツボを心得るに従い、利用の満足度が増加し孤独感、抑鬱性が減少していく。

さらに、第一回調査と第二回調査の結果の相違を説明するのは、社会的なインターネット利用状況やインターネット自体の違いである。

利用状況の変化

アメリカでは一九九五年から一九九八年にかけインターネット利用者は四倍に拡大し、利用率は五〇％を超えた（ピュー調査会社によればクラウトらの第一回調査の一九九五年当時のアメリカでのインターネット利用率は一四％）。当初は、現実世界で交流を持つ相手のうち、インターネットを利用する人は少数であったが、やがて友人や家族もインターネットを利用し始め、オンライン上でのコミュニケーションの相手は、オフラインでも交流をもつ相手と重なることが多くなる。

インターネットは、オフラインの関係を維持・強化する手段となり、そこでの絆はもはや弱いものではない。また、「メッセンジャー」をはじめとして、利用できるアプリケーションの数も増加した。同時に、インターネット上で提供される情報も、ニュースや健康情報、その他多種多様なジャンルの情報が質量共に豊かになった。これらのことがインターネット利用の影響に変化を与えたとクラウトらは主張する。

クラウトの二つの仮説

インターネット利用の影響に関して、クラウトらは第二回調査を設計するにあたり、二つの仮説的モデルを提示している。一つは「外向的で社会的サポートの多い人は、インターネット利用によってますます社会的利益を得るだろう」というもので「富者富裕化モデル」と呼んでいる。

もう一つは「内向的で社会的サポートの少ない人はインターネットを利用することで利益を得る。逆に既存の現実世界の関係で、豊かな資源を持っている人は、それが干渉される」というもので「社会的補償モデル」と呼んでいる。

調査結果を分析したところ、「孤独感」や「社会的参加」(たとえば「コミュニティ活動に参加する時間」などで測定)は、社会的補償モデルではなく、富者富裕化モデルが妥当することを明らかにした。

ネット利用のマタイの法則

つまり、外向的な人はインターネット利用頻度が大きいほど孤独感がさらに低くなり、社会的参加が活発になったのに対し、内向的な人はインターネット利用頻度が大きいほど孤独感が増し、社会的参加が少なくなった。

もともと社会的資源を有効に活用する人はインターネットのような新技術を活用して、ますます獲得資源を拡大する。その結果、満足感も大きく、心理的にも豊かになっていく。内向的で社会的資源をうまく活用していない人はその逆である。

聖書に「それ誰にても、有てる人は與へられていよいよ豊かならん。然れど有たぬ人は、その有てる物をも取らるべし」(マタイによる福音書一三章一二節)とある。富者富裕化モデルは別名、ネット利用における「マタイの法則」と一部の人は呼んでいる。

なお、インターネットの影響が利用内容に依存することは言うまでもない。また、インターネット利用自体が多大な時間を費やすことは事実であるから、これまで何に費やしていた時間が犠牲にされたかも重要であるとクラウトらは指摘している。

インターネットの影響が、社会全体の情報環境やインターネット普及率、文化などによって異なることはクラウトらの研究が十分に示唆している。日本で「インターネット・パラドックス現象」が成り立つかどうかを明らかにするために、筆者らは

日本での検証

二〇〇一年から二〇〇三年にかけパネル調査を試みた。

第一回調査は二〇〇一年一一月(全国一二歳から六九歳までの男女、有効回答数一八七八。このときのパソコンによるインターネット利用率三七・五%)、第二回調査は二年後の二〇〇三年一一月(有効回答数一二四六人、同四三・一%)に実施した。調査項目にはクラウトらが採用したものをすべて含めた。

調査結果

第一回調査時点ではインターネットを利用しておらず、第二回時点で利用していた新規利用者(一四五人)の家族的コミュニケーション量(会話時間)は減少している(図3-2)。しかし、第一回も第二回もインターネットを利用していた継続的利用者(四〇〇人)では増加しており、減少はネット利用開始に伴う新奇性効果であって一時的なものと推測される。継続的利用者における増加に注目するならば、インターネットは長期的には、家族との結びつきを強化する方向性の影響ももちうる。

友人のネットワークの規模については全体的に二年間で縮小する傾向にあったが、その中で

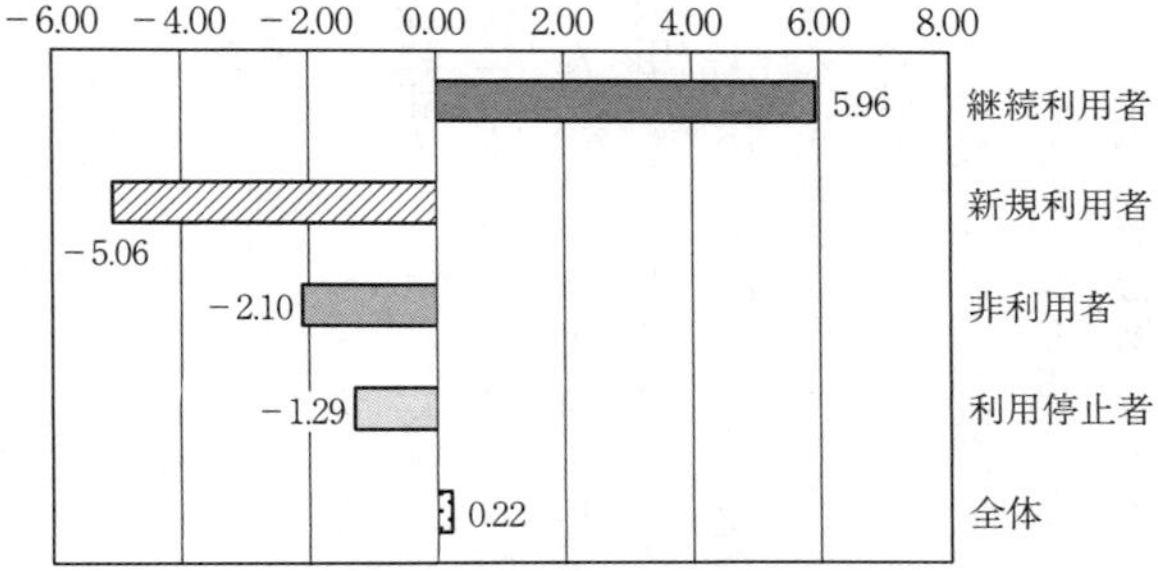

図 3-2　一日における家族との会話時間の増減(分)

新規利用者だけがプラス〇・二人と微増した。孤独感は継続的利用者、新規利用者ともに減少し、一回目には利用していて二回目には利用をやめていた利用停止者(七三人)だけが孤独感を増加させた。「気分が沈んで憂鬱だ」などの項目で測定される抑鬱傾向に関しては、利用停止者が大幅に抑鬱度を強めた。

日本におけるマタイの法則

日本でもネット利用における「マタイの法則」は成り立つのだろうか。

クラウトらの例にならって、新規利用者を、社交性についての質問の結果から、社交的な人と内向的な人に分けて分析した結果、社交的な人は孤独感、抑鬱傾向が減少しているのに対し、内向的な人は孤独感に大きな変化がなく、抑鬱傾向は増加していることがわかった。また、家族との会話時間は、内向的な人だけが減少していること、友人の数は、社交的な人は増加しているのに対し、内向的な人は減少していることなどが明らかになった。すなわち、日本においてもネット利用に際する「マタイの法則」が成り立っていた。

日本では「強い絆」

筆者らの調査でインターネット・パラドックス現象がみられなかった理由については、日本では二〇〇一年の第一回調査当時ですら、インターネットでのコミュニケーションの相手は、日常的にも顔見知りの友人や知り合いが大半で、既に日常的文脈に組み込まれた比較的「強い絆」の人々であり、ネットが安定したコミュニケーションの維持に役立っていたという点があげられる。

ただ、インターネット利用の影響は、利用者のパーソナリティのほか、全体的な情報環境や利用できるサービスなど、多くの変数によって変わりうるものである。

上記の調査時点では、現在人気のあるＳＮＳやミニブログの利用の影響は含まれていない。また、当時の調査で、精神的側面で、利用開始前後に大きな変化がなかったとしても、それはまだ普及率が五〇％に達していない時期の話であった。

その後、サイト環境やアプリケーションの複雑化がすすみ、まったく知らない相手とのコミュニケーションも再び活発化した。今後、インターネットの利用が、精神的諸側面に負の影響をもたないとは断言できない。実際、次章で紹介する二〇一〇年の「日本人の情報行動調査」

の分析では、インターネット利用量が多い人ほど孤独感が大きいという結果が示されているのである。

5 「ネット世論」は極化する

集団極化

テレビは一方向の情報流通を基本とするが、インターネットは双方向である。また、一対多のコミュニケーションもできるという点で電話とも大きく違っている。そうした特性から、様々な意見のやり取りによって一つの「世論」が形成される過程にも、これまでにない変化を及ぼしていることが考えられる。

社会心理学の領域では、かなり以前から、集団討議が意思決定に及ぼす影響や、パソコンなどのメディアを介したコミュニケーション(CMC：computer-mediated-communication)が、通常の対面コミュニケーションとどのように異なるかについて、研究が重ねられてきた。

集団討議については、まず、個人で単独に決定を行うより、より危険率の高い勇ましい意見が優勢になりやすいことが見いだされた。その後、テーマや参加者によっては、リスクを懸念する声が優勢になると、慎重な結論に収縮する場合もあることも確かめられた。総じて集団討議では、個々のメンバーの持っている傾向がより強められた結論が出やすいこと（集団極化）が明らかになっている。

また、ＣＭＣは社会的存在感（「相手の存在をどれだけ身近に意識させるか」の程度）の比較的低いメディアであり、対面状況ほどの説得力を持ちにくいこと、社会的地位や年齢などの「社会的手がかり」が得にくく、議論への平等な参加が促進される反面、言語的暴力が発生しやすいことなどの研究成果も示された。

こうした知見は、今日の「ネット議論」の特性を読み解く一つの鍵ともなりうる。

フレーミング（炎上）

ネット空間では、意見を交換する場が無数に提供されている。知り合いの仲間が議論を交わすコミュニティサイトや「2ちゃんねる」のような大規模掲示板、一利用者の質問に何人かが回答をよせる「Yahoo! 知恵袋」などである。

そうした言論空間で、しばしば暴言が飛び交ったり、誹謗中傷が横行してサイトが混乱状態になる、いわゆるフレーミング（炎上）が起こることがある。また、「ネット右翼」的な現象や、一部のサイト上のネット投票結果が、一般世論とかなり異なった方向の結果を示すなど、議論が一定の方向に極端に傾く場合がある。

これまでの研究によれば、ネット上の議論でフレーミングが発生しやすい理由は次のようにまとめられる。

一つの原因は先に述べたように、コミュニケーションの際の「社会的手がかりの欠如」だと言われる。通常、ネット上のやりとりでは顔や服装などの視覚的情報、あるいは声などの聴覚的情報が伴わない。したがって、普通の直接的コミュニケーションでは容貌や声から容易に推測される性別や年齢、社会的地位などの情報が欠如する。たとえ、それらをメッセージ内で明らかにしていたとしても、それが本当だという保証はない。その結果、年齢や社会的属性などの上下関係に対する気遣いや性別にとらわれない平等な発言が交わされやすく、議論が活発化することもあるが、一方で相手に配慮を欠いた発言が飛び出しやすい。

また、通常のコミュニケーションでは、少々失礼な言葉や皮肉を述べても、笑みなどの表情で内容を緩和できたり、発言がジョークであることを明らかにしたりすることができるが、ネット上ではそうした非言語的なシグナルによる補正がききにくい。

ネット上のメッセージのやりとりだと、言葉の細部に神経が集中し、揚げ足取りの応酬が生じることもある。ネットでやりとりする相手とは、価値観や背景的知識を共有しない場合も多く、互いのメッセージの理解をめぐって、十分真意が伝わらず、いらだちが増すことも多い。

また、多くのネット上の言語空間では、匿名でメッセージがやりとりされるため、自分の行動が人からどのように評価されるかをあまり気にしなくなり、社会的な規範による抑制がきかず、責任感の欠如した無礼な発言もされやすい。その多くの発言は、推敲もされないまま、感情のほとばしりに任せて打ち込まれたものである。

一人の感情的な発言が呼び水になり、互いに言語的暴力の応酬になったり、次々と悪意を含んだ過激な発言が集中したりすることでしばしばサイトは「炎上」する。

「リスキーシフト」

一般に、集団的討議の場で意見が極端な方向に傾くことを社会心理学では「意見の極化」と呼んでいるが、とくに、より危険度の高くなりそうな極端な方向に議論が流れることを「リスキーシフト」と呼ぶ。たとえば、管理職との団体交渉に臨む直前の組合員同士の議論、ある種の宗教団体の集会などを思い浮かべるとリスキーシフトの発生が想像しやすい。

リスキーシフトが生じる理由については、勇ましい意見が大きな声になりやすく、反対意見を提示するのに躊躇する状況が生まれること、集団の中にあって、より目立とうとする心理が大胆な意見を誘発すること、リスクが高くなっても責任が分散されるため、結論を実行した場合の結果を十分熟慮しないような発言が横行することなどがあげられている。

また、それまで自分では予想もしなかった説得力のある意見が提示され、同様の方向性の意見が続いて出されることにより、自分の考えがそちらになびきやすいことや、集団内で大勢を占めるだろうと自分が判断した意見に同調することで自己を集団内でより適切に位置づけようとする動機付けが働くこと、なども理由として考えられている。

ネット上では、匿名状況が多く、相手の顔も見えないので、対面状況の場合以上に責任感が希薄化し、また、より大胆な意見がその場の雰囲気を支配しやすくなる。

ネット上での言語的暴力の発生や意見の極化は、それぞれの言語空間の特性による。相手がどのような人物かまったく予想もつかず、発言は完全に匿名で、管理者的な存在も見あたらない場合、自分勝手で人に配慮しない発言が行われ、感情的対立や誹謗中傷が生まれる確率が高くなる。逆の状況では、そのような発言は抑制される。

集団規範圧力

一方で、参加資格が限定されていたり、一定の考えをもつ人だけが集まるような言語空間では、視覚的匿名状況（相手が誰かわからず、外見的特性も判断できない状況）にあっても仲間意識の程度が強ければ、その場の集団的価値観に即した発言を強いるような集団規範圧力が働く。その結果、参加者も、場の雰囲気に合わせた発言、さらにはその雰囲気を誇張するような発言を率先してするようになる。

この場合、匿名状況が、個人的なアイデンティティを最小化し、むしろ個人を集団的なカテゴリーに埋め込むように作用するからである(「社会的アイデンティティモデル」と呼ばれている)。その結果、言語的暴力の応酬は少ないが、議論が非常に片寄った方向にシフトしていく場合がある。

現実に、日本の掲示板サイトでも、外国人への差別意識をむき出しにしたり、犯罪の被疑者を一方的に断罪したりするスレッドがある。そこでの「匿名」は、単に発言の責任を減免するためにあるだけでなく、個人を集団に埋没させる方向にも機能している。そして、ときによっては、その匿名集団の中で凝集した感情が、オフラインの集合行動として現実化する場合もある。

4章　ネット世代のメンタリティー

――ケータイ＋ネットの魅力

1　「デジタルネイティブ」と「ネオ・デジタルネイティブ」

若者の心理傾向とメディア

これまで、2章ではこの一五年来の新たなメディア環境と情報行動の変化を、3章では、インターネットも含め、メディアの負の影響の諸側面をみてきた。

本章では、その新しいメディア環境の中で生まれてきた若者が、心理傾向(メンタリティー)において、それまでの世代とどのように異なるのか、実際のメディア利用行動(とくにインターネット利用)との関係に基づいてみていくことにする。

「76世代」と「86、96世代」

IT業界では「76世代」という言葉がよく使われる。インターネット関連の起業家に一九七六年前後の生まれが多いからである。たとえば、一九七五年では「はてな」の近藤淳也氏、「mixi」の笠原健治氏、一九七六年では「2ちゃんねる」の西村博之氏、一九七七年では「GREE」の田中良和氏らである。なぜ「75」ではなく「76」かは、単に語調の問題のようだ。広告業界などでは、76世代にならって一〇年ごとの世代コーホート(同時期に生まれた集団)を「86世代」「96世代」と呼ぶこともある。

76世代とあわせて86世代、96世代が、それぞれの成長過程でどのような情報メディア環境の

表 4-1　76／86／96 世代の成長過程と情報メディア環境

	（2010 年調査時の年齢層）（年齢層代表生年）	30 代 76 生まれ	20 代 86 生まれ	10 代 96 生まれ
1979	ウォークマン発売	3 歳		
1982	NEC，PC-9801 発売	6 歳		
1983	ファミコン発売	7 歳		
1984	Macintosh 発売	8 歳		
1987	携帯電話サービス開始（4 月 10 日）	11 歳	1 歳	
	Nifty パソコン通信サービス開始（4 月 15 日）			
1990	スーパーファミコン発売	14 歳	4 歳	
1991	バブル崩壊	15 歳	5 歳	
1993	日本最初の商用インターネットサービス（JENS, IIJ）開始	17 歳	7 歳	
1994	プレイステーション発売	18 歳	8 歳	
	InfoWeb ネット接続サービス開始			
1995	Windows 95 発売	19 歳	9 歳	
1998	携帯普及率 50% 突破	22 歳	12 歳	2 歳
1999	i モード登場（2 月）	23 歳	13 歳	3 歳
	2 ちゃんねる開設（5 月）			
2001	Wikipedia（英語）登場（日本語版は 2002 年）	25 歳	15 歳	5 歳
2003	パケット定額制開始	27 歳	17 歳	7 歳
2005	YouTube 登場	29 歳	19 歳	9 歳
2006	ワンセグ携帯発売（4 月）	30 歳	20 歳	10 歳
	Twitter，アメリカでサービス開始（7 月）			
	ニコニコ動画登場（12 月）			
2007	ケータイ小説大人気	31 歳	21 歳	11 歳
2008	iPhone 3G 発売	32 歳	22 歳	12 歳
2010	iPad 発売（5 月）	34 歳	24 歳	14 歳
	ウィキリークスによる米国外交公電流出が問題化（11 月）			
		PC 世代	ケータイ世代	モバイル+動画世代

変化を経験したのかを表4-1に示した。

76世代　76世代についてみてみると、小学生時には既に彼らの周りにウォークマンとファミコンがあり、中学生になる直前に携帯電話サービスが開始された。ただし、携帯電話に関しては、普及率が五〇％を突破するのが彼らが二二歳の時だから、本格的に使い始めたのは社会人になってからであろう。

彼らは一五歳のときにバブルが崩壊するのを目のあたりに見ている。それを境に世の中の地価や株価、消費一般に対する価値観は一変した。グループインタビューでこの世代に特徴的であったのは、彼らの多くが絶対的な経済的価値の存在を認めず、社会に対して比較的懐疑的なことである。携帯になじむのが遅かったせいもあり、次の86世代以降のように、四六時中、心の回路がつながっていることを確認することで安らぎを覚える親密な友人、すなわち「ケータイフレンド」的なつきあいは好まない傾向にある。

パソコンについては、中学生のときにNECの98シリーズやマッキントッシュが広く普及しており、高校時代でも自分でパソコンをいじっていた早熟な子もいたに違いない。実際、そうした子の中から多くのIT起業家が生まれた。

何より、彼らの世代がその前の世代と異なるのは、高校時代に既にパソコン通信が利用できある環境にあり、大学生時にインターネットの商用サービスがスタートした、ネット世代のはしりだという点である。

デジタルネイティブとは

二〇〇九年ごろから日本でも「デジタルネイティブ」という言葉が一部で使われはじめた。きっかけはドン・タプスコットの著書『デジタルネイティブが世界を変える』(原題は"Grown Up Digital")の刊行である。その中でタプスコットはデジタルネイティブを「一九七〇年代後半以降に生まれ、物心ついた時から周囲にコンピューターやネットが存在し、デジタル・テクノロジーに浸かって成長してきた世代」と定義している。まさしく日本では76世代以降がデジタルネイティブに相当する。

ちなみに、この語はアメリカのジャーナリスト、マーク・プレンスキーが二〇〇一年に発表した雑誌エッセー"Digital Natives, Digital Immigrants"が初出と思われる。そこでは、「最近の学生は急激に変わってきている。かれらは、コンピュータ、テレビゲーム、インターネットの「デジタル言語」の「ネイティブスピーカー」であり、「デジタルネイティブ」と呼ぶのがふさわしい」と記され、具体的に何年生まれ以降かなどの世代の記述はない。

86世代

76世代から一〇年後の世代を86世代と呼ぶなら、86世代はまた異なった情報環境で生育してきた。彼らが中学生のときには携帯電話の利用率が五〇%を突破しており、

iモードが登場している。さらに高校生時にはパケット定額制がスタートしており、これ機に一気に携帯電話でのインターネット利用が増加する。彼らが一〇代で携帯ネットを駆使しはじめた最初の世代である。

96世代　さらに一〇年後に生まれた96世代になると、パソコンや携帯のインターネットを使いはじめる時点でYouTubeなどの動画が楽しめる環境で育つことになる。たとえば、二〇一〇年の「日本人の情報行動調査」で、一〇代平均では、パソコンでインターネットを利用する時間は平均一四・二分と他の年齢層に比べさほど長くはないが(一〇代前半での利用率が低く、また学業に忙しいためと推察される)、パソコンによるインターネット利用時間のうち二七・五%が「ネット経由の動画を見る」であり、この比率は他の年齢層に比べ際だって高い。

「ネット利用」という観点で世代を区分けするとすれば、76世代より前に生まれた世代は「デジタル・イミグラント」、76世代以降の世代を「PCデジタルネイティブ」、86世代以降を「ケータイ・デジタルネイティブ」、96世代以降を「ネオ・デジタルネイティブ」と呼び分けることができる。「ネオ・デジタルネイティブ」とは、96世代以降に生まれた若者を中心とし、主にモバイルでネットを駆使して、動画情報をも自由に操る先進的な若者である。もちろん、今の96世代のほとんどがネオ・デジタルネイティブということではなく、今後、96世代以降の生まれの若者において、ネオ・デジタルネイティブの比率が増加していくということである。

2 どのようなメンタリティーを持っているのか

心理傾向の違いはあるのか

76世代以降のデジタルネイティブは他の世代に比べ心理傾向や行動習慣においてどのような相違があるのか。メディア利用、とりわけインターネットの利用の違いによって心理傾向に差があるのか。この点を、二〇一〇年の「日本人の情報行動調査」からみていくことにする。

なお、心理傾向や行動習慣に関する質問調査は二〇〇九年にも二〇一〇年調査と同規模(全国調査、有効回答一四九〇人)で実施している(その結果の一部は筆者と電通総研との共著『ネオ・デジタルネイティブの誕生』で概観している)。本章で紹介するものは、二〇〇九年調査と同様の傾向がみられたものに限定しており、その意味でここで記述する結果は、単発的調査でみられる誤差や偶発的なものではない。

政治的無関心

「政治に無関心」「政治は難解」と答えた人の比率を年齢層別にみたものが図4-1である。政治的関心については、二〇〇五年調査でも同様の質問をしており、その

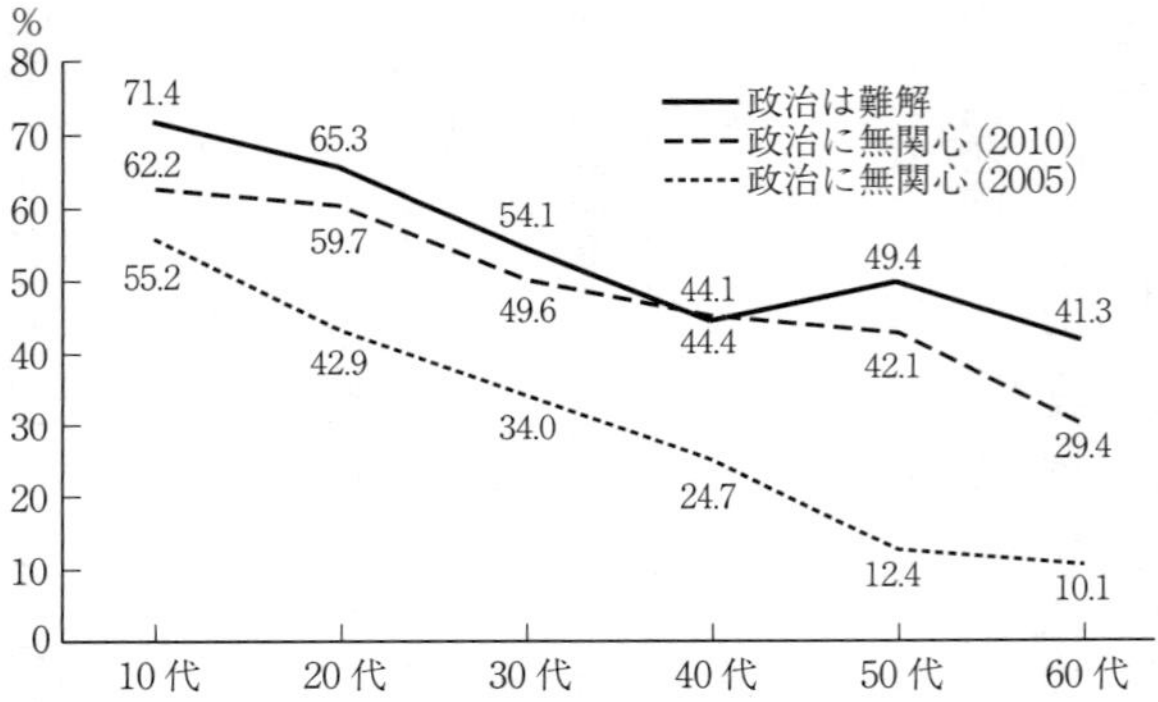

出所：「日本人の情報行動調査」，以下，本章すべて同じ

図 4-1　「政治に無関心」，「政治は難解」と答えた人の比率

結果も示した。*

まず、年齢層別にみれば若年層ほど政治的関心が低い。これは「年層効果」とも言うべきもので、一九七〇年代以降であれば、ほぼどの時点で調査をしてもこういう結果がみられる。この図で興味深いのは二〇〇五年と比較して、二〇一〇年に全年齢層で政治的無関心の比率が増加していることである。

政治的関心は、調査時点の政治的事件や選挙などのイベントの有無に大きく左右される。二〇〇五年調査は三月上旬に実施されたが、その前に大きな政治的できごとはなかった(強いて言えば、一月二〇日の「ジョージ・ブッシュ二期目の大統領就任」、二月一六日の「京都議定書発効」ぐらいである。当時は小泉首相)。

むしろ二〇一〇年調査が実施された六月上旬は、前月に鳩山首相が普天間基地の県外移設を断念し、六月二日に電撃辞任、四日に菅首相誕生とかなり大きな動きの渦中にあった。にもかかわらず、政治的無関心の比率がこれほど高いというのは、国民が全体的に自民党政権時よりもさらに政治に愛想を尽かしていることの現れとみるべきだろう。

「政治は難しすぎて自分にはわからない」と答えた人の比率をみてみると、やはり政治的無関心と同様、年齢が低くなるにつれ、あてはまると答える人の比率が高くなっている。

政治的関心とネット

若年層において政治的関心が他の年齢層より希薄という現象はインターネットの普及と関係があるのだろうか。

2章で述べたように若年層のテレビ視聴時間は減少している。また、新聞は平均で一〇代は一・七分(行為者率一〇・二%)、二〇代で四・五分(行為者率二二・二%)にすぎず、ほとん

＊「政治に無関心」は「ふだんから政治に対して関心がある」という質問に対して「あまりあてはまらない」「あてはまらない」と答えた人、また、二〇〇五年調査では「ふだん政治に対しあまり関心を持っていない」「まったく関心をもっていない」と答えた人の比率の合計。「政治は難解」は「政治のことは難しすぎて自分にはよくわからない」に対して「あてはまる」「ややあてはまる」と答えた人の比率の合計。以降の図表において、数値はすべてそれぞれの質問に対し「あてはまる」「ややあてはまる」と答えた人の比率の合計。

ど読んでいない。

新聞には総覧性があり、興味のある記事を読むついでに政治や国際面の見出しにも目がいくのが普通である。テレビも漫然とスイッチを入れているだけで政治ニュースも耳に入ってくる。しかし、インターネットは、能動的に接触するのが通例だから、関心のあるサイトだけを見ることになる。ニュースサイトについても、トップ画面からすぐに関心のあるジャンルのサイトに飛ぶことができる。若年層の人気はとくに「スポーツ」や「エンタメ」であろう。

ネットでは、関連する記事やブログに次々とアクセスすることもできるが、ほとんどは自分の関心に応じたタコツボ的探索である。もとより政治などに関心のない若年層は、テレビ、新聞離れして、ネットで時間をつぶすうちに益々関心領域が狭小化する可能性がある。

そこで「政治的関心がある」と答えた人とそうでないと答えた人、「政治は難解で自分にはよくわからない」と答えた人とそうでないと答えた人に分けて自宅でのパソコンによるインターネット(PCネット)の利用時間と携帯電話によるインターネット(携帯ネット)の利用時間を比較した(図4-2、4-3)。

その結果、共通して興味深い特徴が見いだせた。政治的関心がない人、政治を難解でよく理解できないと思っている人は、携帯ネットをよく利用しており、逆にPCネットをよく利用す

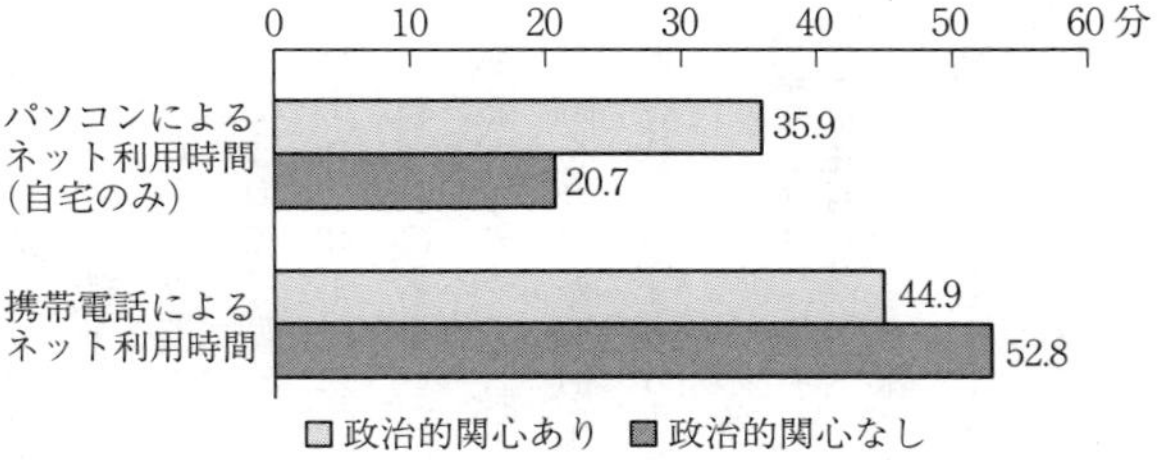

注：分析対象は30代以下，以降，ネット利用時間比較ではすべて同じ

図4-2　政治的関心とネット利用時間

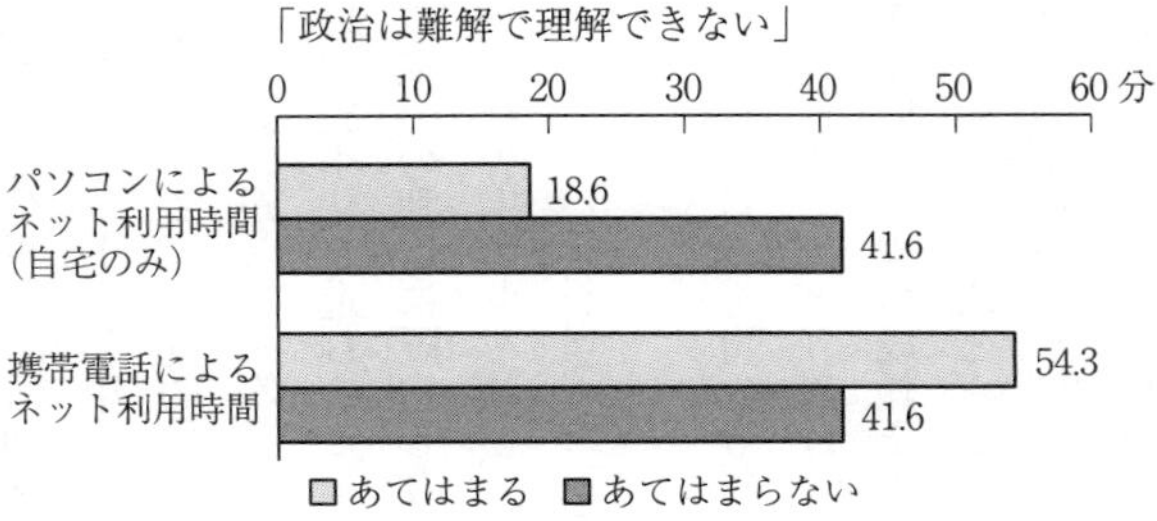

図4-3　政治の難解感とネット利用時間

る人は、政治的関心があり、政治を難解と感じていない人である。

つまり、PCネット積極利用層と携帯ネット積極利用層では政治的関心度が異なるということである。

おそらく、ネット利用が政治的関心度に影響を及ぼしているということではなく、政治的に関心ある層がより多くPCネットを使い、関心のない層がより多く携帯ネットを使うということであろう。なお、さらに年齢層を細かく限定しても、あるいは性別の効果を調整して分析しても同様の結果になる。

同時にこの結果は、単純に「インターネットを利用することにより関心領域狭小化が進む」という考えが支持されないことを示している。調査的事実としては、同じ若年層でも、PCネットをより多く使う方が政治的関心が高いからである。しかし、このデータは、携帯ネットのヘビーユーザーにおいて、関心領域の狭小化が進むことを否定していない。

なお、PCネット利用に関して自宅での利用に限定したのは、仕事上の利用を排除するためである。また、「年齢が高くなるほど政治的関心が高く、かつネット利用時間が短い」といった年齢を介した擬似相関がありうるため、分析対象を三〇代以下に限定した(以下、ネット利用時間の比較に関する分析ではすべて同じ)。

極端な「私生活中心主義」

今の多くの若者にとって、日本も自分も将来が見えない。かつては、がんばれば何とかそこそこの地位までたどり着けたが、今や職場で誠実に努力を重ねても報われるとは限らない。日本の成長を支えた勤勉的価値観の瓦解である。

高校生へのグループインタビューの結果でもほとんどの生徒の上昇志向は皆無に等しい。将来の夢が「つぶれない会社になんとか潜り込むこと」であったりする。政権交代しても政治や経済がよくなることもない現実を目のあたりにしている若者が政治に関心をもてる道理がない。

「世間のできごとより，自分の身の回りのできごとに興味がある」

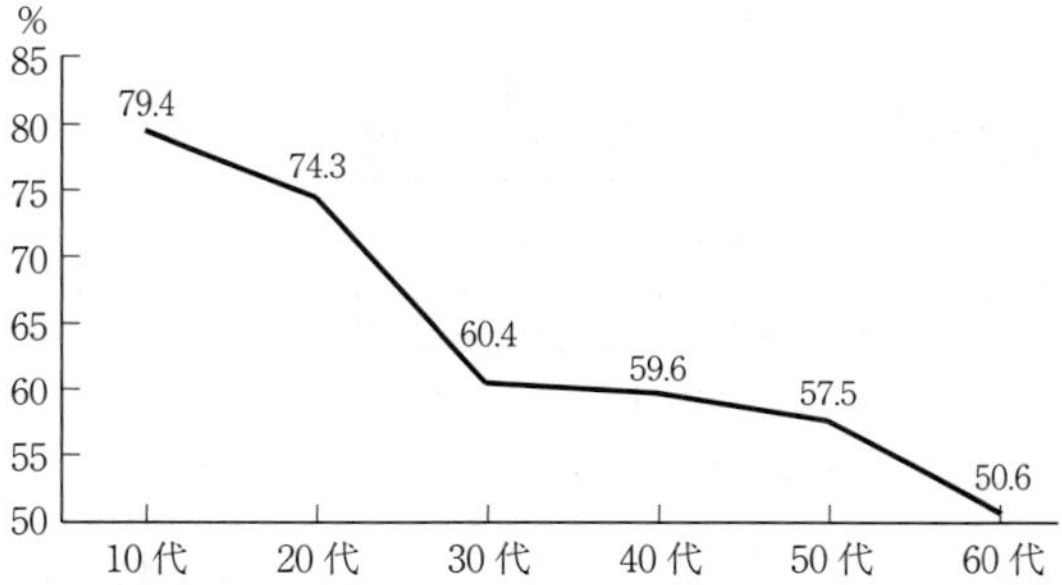

図 4-4 私生活中心主義（年齢層別）

関心の行き着く先は自分とその周辺である。

「世間のできごとより、自分の身の回りのできごとに興味がある」という質問に対する「あてはまる」の回答比率を年齢層別にみてみると（図4-4）、一〇代、二〇代の肯定的回答率は驚異的である。

若年層のこうした「私《わたくし》生活中心主義」は、実は学園紛争が収拾し、オイルショックが襲った一九七〇年代前半にもしばしば指摘された。しかし、おそらく、当時よりさらに先行きの見えない現在の経済情勢を考えれば、若年層の海外志向も激減したのと同様、かつてないほど深刻なミーイズムの蔓延状態と言えるであろう。若年層全体を覆う「心理的巣籠もり」現象である。

携帯ネットの長時間利用

インターネット利用との関連を示したものが図4-5である。政治的関心と

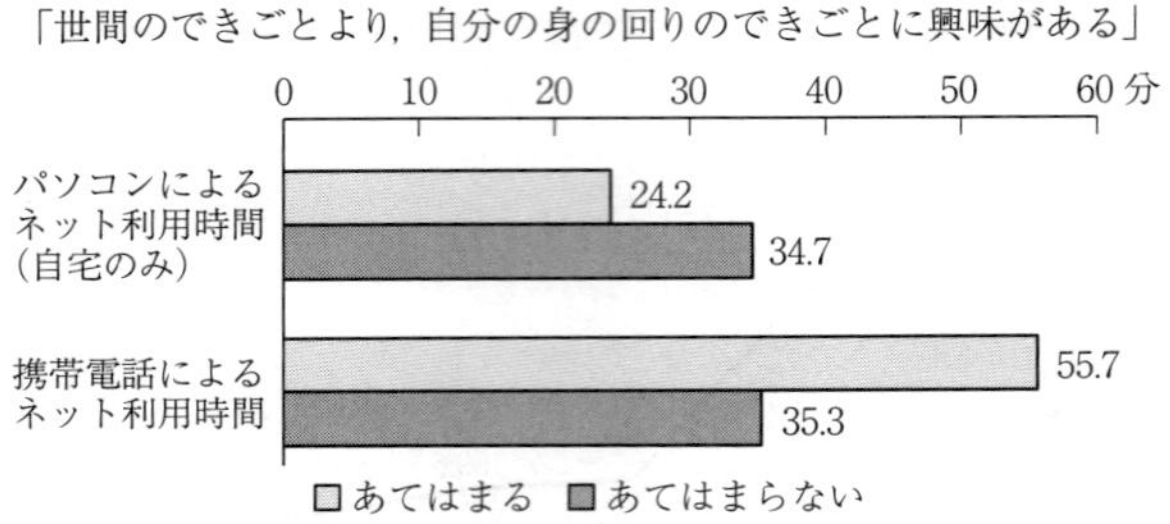

図 4-5　私生活中心主義とネット利用時間

同様、私生活中心主義でない人の方がPCネットの利用時間が長い。一方、私生活中心主義の傾向の強い人ほど携帯ネットの利用時間が長い。この結果は、単にPCネットと携帯ネットの利用層の性格の相違を反映しているだけでなく、ネット利用、とくに携帯による利用が私生活中心主義の増長に関係しているように思われる。

二〇一〇年の「日本人の情報行動調査」によれば、携帯で「メールを読む・書く」は一〇代が平均四九・九分(行為者平均九二・四分)、二〇代が四七・六分(同六三・四分)、携帯で「サイトを見る」が一〇代で三〇・八分(行為者平均一三〇・三分)、二〇代で三五・二分(同七六・七分)である(表4-2)。「サイトを見る」にはmixiなどのSNSの利用も含まれ(若年層のSNSの利用は携帯ネットが主流になっている)、さらに主にそうしたSNSへの書き込みに費やされると思われる「携帯でサイトに書き込む」の行為者平均時間は一〇代で一二〇・六分、二〇代で七九・三分に

表 4-2　10代20代のネット利用(2010年)

		10代			20代		
	ネット利用項目	平均時間	行為者率	行為者平均	平均時間	行為者率	行為者平均
携帯	メールを読む・書く	49.9分	53.9%	92.4分	47.6分	75.0%	63.4分
	サイトを見る	30.8	23.6	130.3	35.2	45.8	76.7
	サイトに書き込む	4.3	3.5	120.6	3.9	4.9	79.3
	ネット動画視聴	1.5	2.3	63.3	0.6	1.7	37.0
パソコン(自宅限定)	メールを読む・書く	3.3	7.1	46.1	6.4	18.1	35.6
	サイトを見る	6.3	7.5	84.2	27.1	26.0	104.0
	サイトに書き込む	0.7	1.6	46.3	1.6	3.5	47.0
	ネット動画視聴	3.9	4.3	90.0	6.8	6.6	103.4

も達する。これらはいずれもパソコンによるネット利用より圧倒的に長時間にわたっている。

これほどの時間を携帯ネットに費やし、友人とのメール交換やSNSでの情報交換に励んでいれば、「世間」のことなど眼中になくなるのも無理はない。

三〇代以下の機械親和性

分析からは、また、デジタルネイティブ以下の世代の機械親和性も明らかになった。

二〇一〇年調査の時点で三〇代の代表生年に相当する76世代は、小学生時代から主な遊びはテレビゲームである(表4-1参照)。彼らがケータイを手にしたのは、大半が社会人になってからであるが、一九九〇年代前半の携帯電話がいまだ普及しない時期、彼らの高校生時代にはポケベルが隆盛期を迎え、文字も送れるようになり(当初は数字だけ)、友人間でたわいないメッセージがやりとりされていた。いわば携帯メールのはしりである。彼らの世代

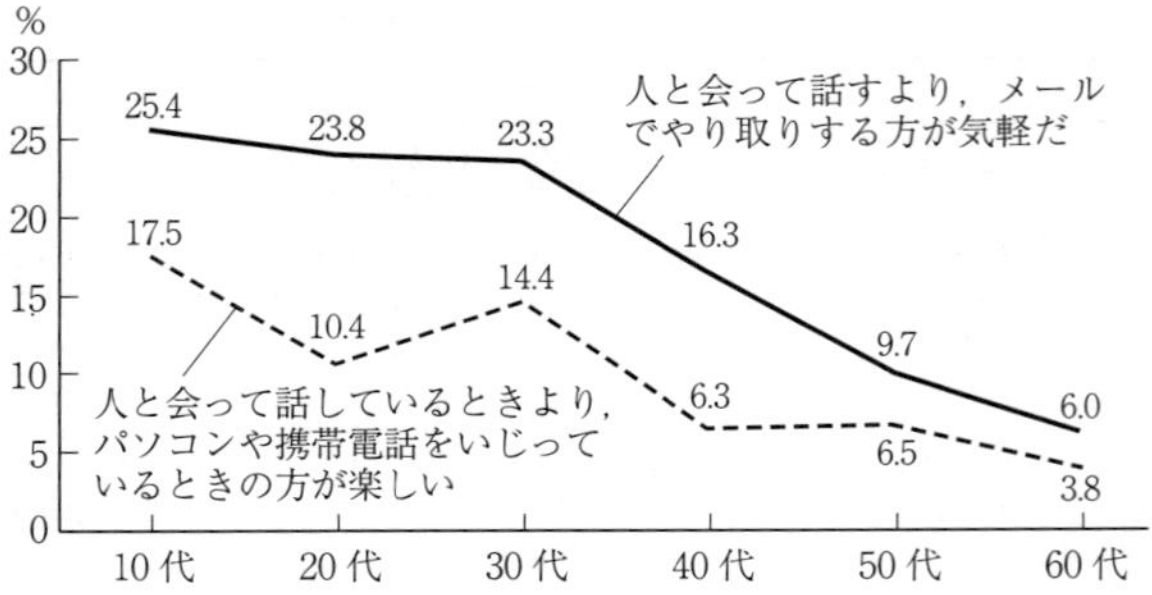

図4-6 機械親和性（年齢層別）

は都市化、少子化が進み、親戚づきあいや地域的なコミュニケーションも希薄になるとともに、話し相手となる兄弟の数も少なくなっていた。

人と対面で直接的にコミュニケーションするのは結構疲れる作業である。言葉だけでなく表情や身振りから相手の心の内や感情を読み取らねばならず、自分の心の動きも、相手に不快感を与えぬよう、表情に出ないよう、うまく統制しなければならない。また、言語的なものであれ、非言語的なものであれ、相手の発する信号に、即時的に反応を返さなければならない。

「人と会って話しているときより、パソコンや携帯電話をいじっているときの方が楽しい」「人と会って話すより、メールでやり取りする方が気軽だ」という質問に「あてはまる」と答えた人の比率を年齢層別に示したものが図4-6である。

「人と会って話しているときより，パソコンや携帯電話をいじっているときの方が楽しい」

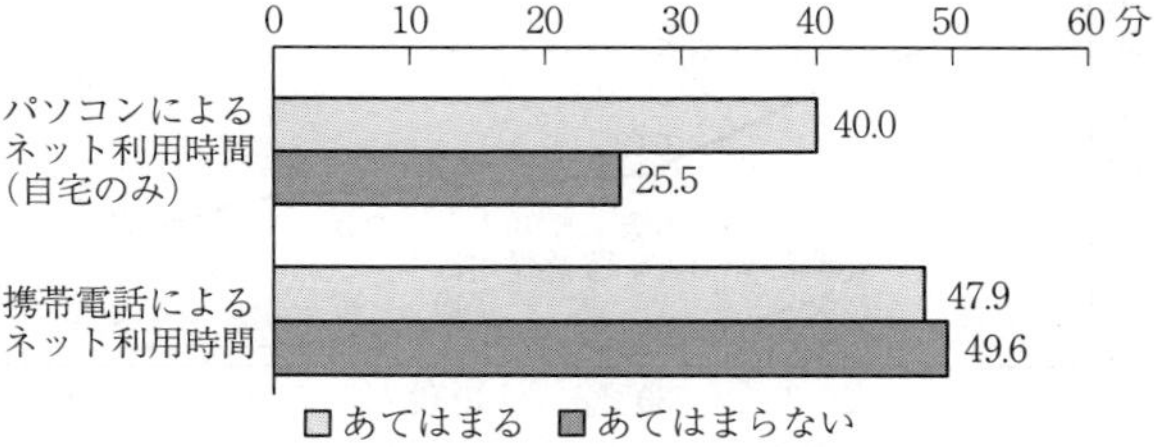

図 4-7　機械親和性とネット利用時間(1)

「人と会って話すより，メールでやり取りする方が気軽だ」

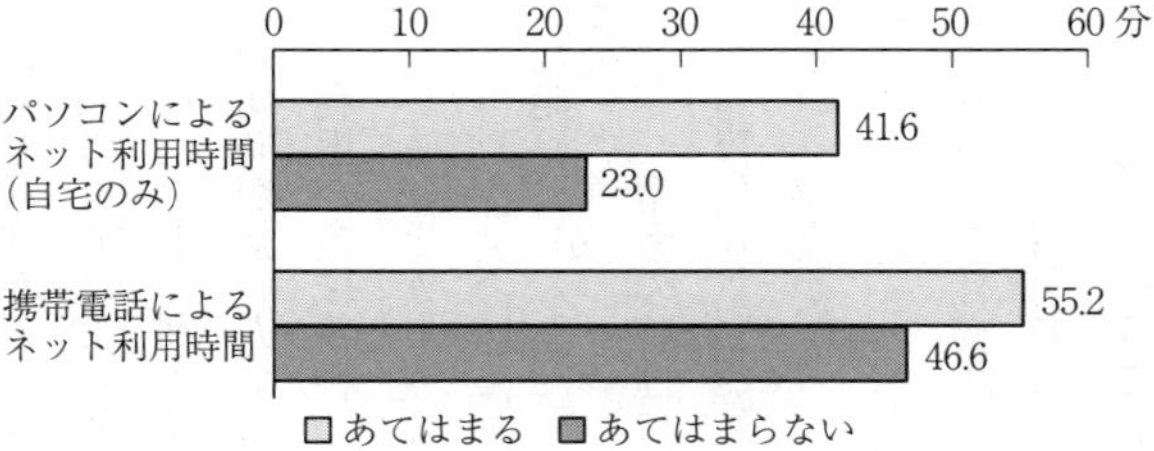

図 4-8　機械親和性とネット利用時間(2)

いずれも三〇代を境に、他の年齢層に比べれば、比較的高い数値を示していることがわかる。おそらく、こうした機械親和的な傾向の増加には、その人が生育期に慣れ親しんだ遊びの形態の影響が大きい。

さらに、それぞれの質問に対し「あてはまる」と答えた人と「あてはまらない」と答えた人に分け、自宅PCネットと携帯ネットの利用時間を比較すると（図4‐7、4‐8）、両質問

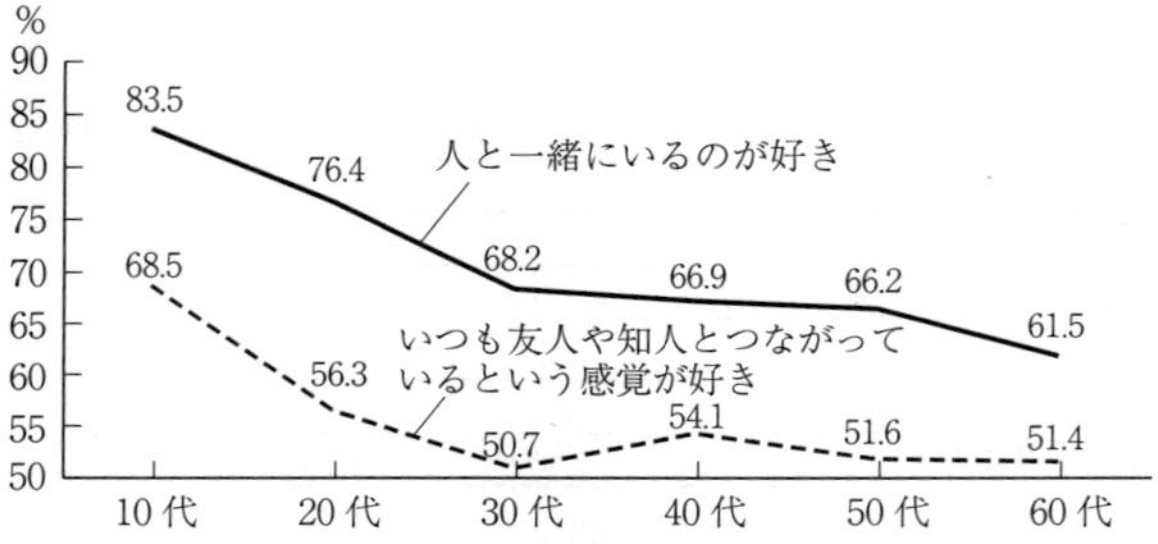

図 4-9　社交性（年齢層別）

ともほぼ同じ傾向がみられ、携帯ネットの利用には、機械親和性の傾向の有無により利用時間に大きな差はなかった。しかし、ＰＣネットの利用時間については、両質問とも、機械親和性の傾向が強い人において、ネット利用時間が長い。ＰＣネット利用と機械親和性は、基底で互いに何らかの関係性をもっていることがわかる。

ネット利用と社交性

「社交性」についても、同じネット利用でありながら、パソコンと携帯ではそれらの長時間利用者の特性に違いがある。

「人と一緒にいるのが好き」「いつも友人や知人とつながっているという感覚が好き」という二つの質問で社交性の程度を年齢層別にみたものが図４‐９である。若年層の方が中高年齢層より概して社交的な傾向が強いというのはいつの時代もほぼ一貫した傾向である。それだけまだ社会の裏を知らず、ナイーブであるということだろうか。

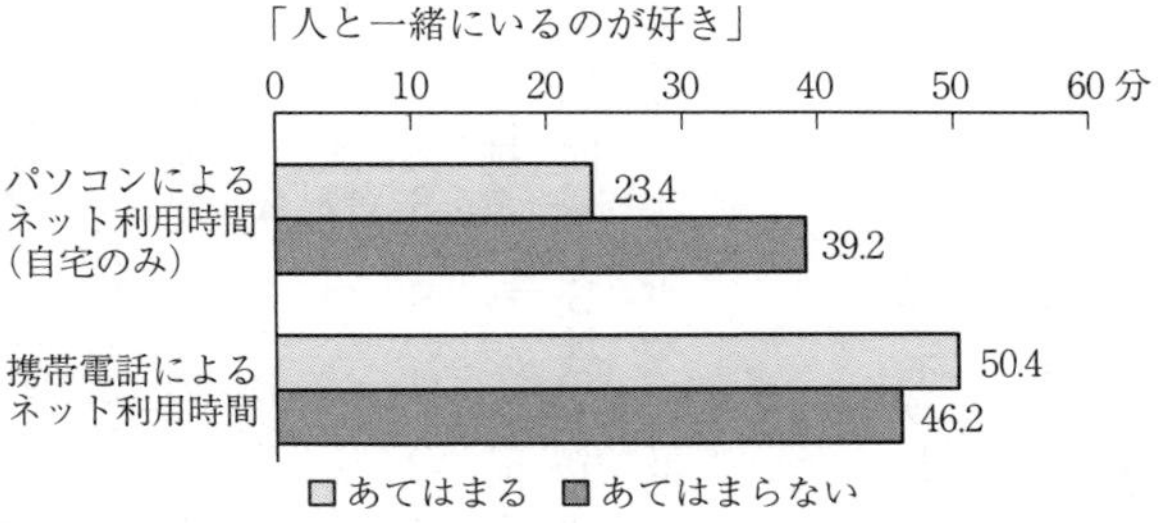

図4-10 社交性とネット利用時間(1)

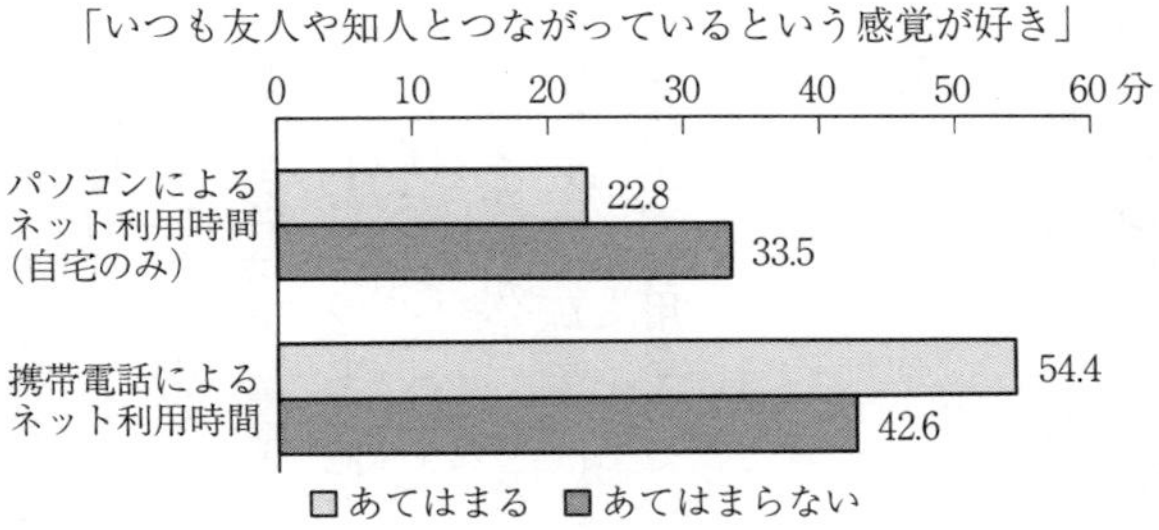

図4-11 社交性とネット利用時間(2)

ところが、PCネット利用と携帯ネット利用の二つの側面で見れば、両者でほぼ反対の傾向が示される。社交的でない人の方がPCネットの利用時間が長いのに対し、社交的な傾向の人の方が携帯ネットの利用時間が長い（図4-10、4-11）。

本来ヒトは社会的動物であり、孤立しては生きていけない。一〇代、二〇代の若者の多くは、人と一緒にいるのが好きで（一〇代八三・五%、二〇代七六・四%）、つながっているという感覚が好き(一〇代六八・五%、二〇代五六・三%)と答えている(図4-9)。一方で、親戚づきあいや地域のふれあいが減少し、直接的コミュニケーションの機会が減少しつつある。

その結果、多くの若者はSNSなどのオンライン上でのコミュニケーションに満足を見いだそうとする。とくにつながり欲求の強い若者は主に携帯で仲間とのコミュニケーションにいそしみ、比較的つながり欲求の低い若者はPCネットで他のアプリケーションを楽しむ。

日本のSNSの最大手のmixiによれば、二〇一〇年一一月現在、同サイトの月間ページビューは携帯からが二五四・四億、パソコンからが五一・三億で、圧倒的に携帯からのアクセスが多い。同様のSNSでも世界中に五億人以上のユーザーをもつとも言われるFacebookや韓国のサイワールドが、ほとんどパソコン経由で利用されている状況と日本の状況とでは大きな相違がある。

3 なぜネットに惹かれるのか

自意識の高さ

これまで三〇代以下の若年層において、PCネット利用者と携帯ネット利用者で相違が見られたメンタリティーについて触れてきたが、両者とも共通して利用時間が

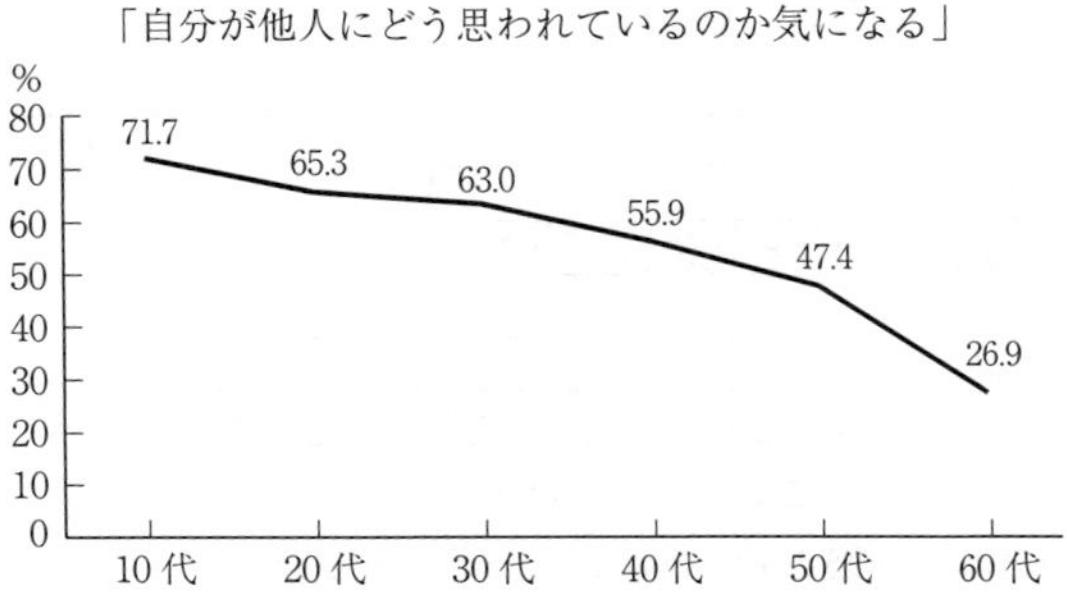

図4-12　公的自意識(年齢層別)

長い人が強い傾向をもつ心理特性もいくつか見いだされた。

その一つが「自分が他人にどう思われているのか気になる」という質問で測定した公的自意識である。年齢層別に見れば一貫して若くなるにつれ自意識が高くなる(図4-12)。

友だちとの私的な交友が生活の大きな部分を占め、ゆくゆくは配偶者になるかもしれぬカノジョ／カレシを探し求めている若年層が、人の目を気にするのも道理であるが、ネット利用時間との関連をみれば、PCネットでも携帯ネットでも、自意識が高い人ほど利用時間が長い(図4-13)。

二〇一〇年調査によれば、パソコン、携帯を問わずネットを利用している時間の平均は一〇代で七八分、二〇代で一二〇分に及ぶ。その約半分がメールに費やす時間であるが、一〇代、二〇代の携帯ネットの行為者平均時間では、サイトの読み書きがメールの読み書きの時間を上回る傾向にある(表4-2)。携帯ネットからのサイト利用の少なから

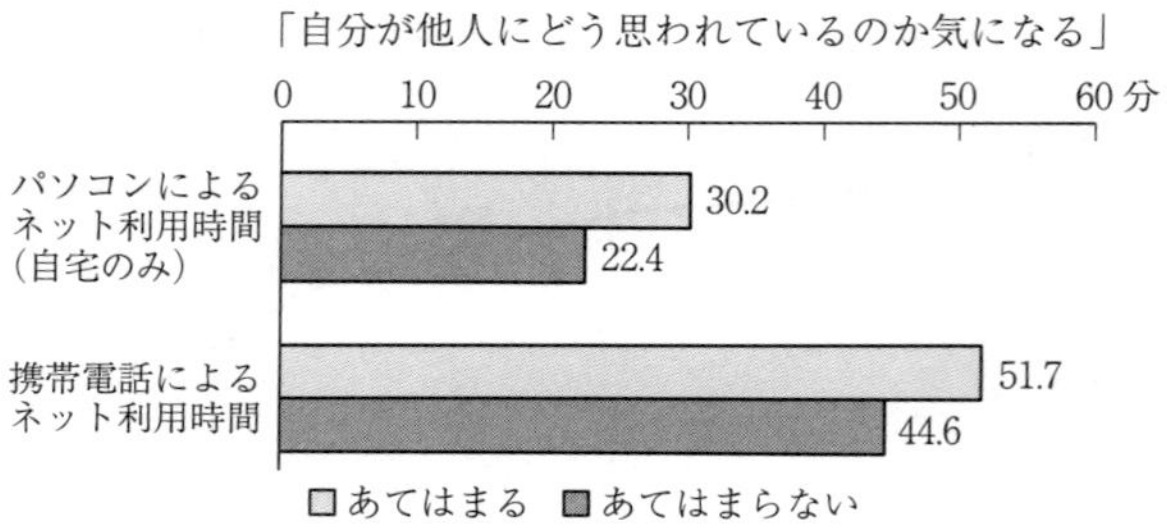

図4-13　公的自意識とネット利用時間

ぬ部分がmixiなどのSNSやミニブログ、Twitterなどの利用である。

つながり確認の「儀式」

二〇〇九年から二〇一〇年にかけ高校生を対象に実施したグループインタビューでは、多くの生徒が、当時一部に人気のあった「リアルタイム」などのミニブログに頻繁に携帯からアクセスし、たえず友人の動静をチェックすると同時に、自らの行動や感情を逐次報告している様子が観察された。

中には、ベッドでケータイを握りしめ、ミニブログを眺めながら眠りに入るという生徒もいた。彼らの生活に、時々刻々人に報告しなければならないほどの動静変化があるとは思えない。むしろ、お互いの周りに何も特別なことがないこと、心理的回路がつながっていることを確認する「儀式」である。儀式の手段がメールからミニブログに移行しつつある。

そして、この儀式を一方的に無視すれば、仲間からの「シカ

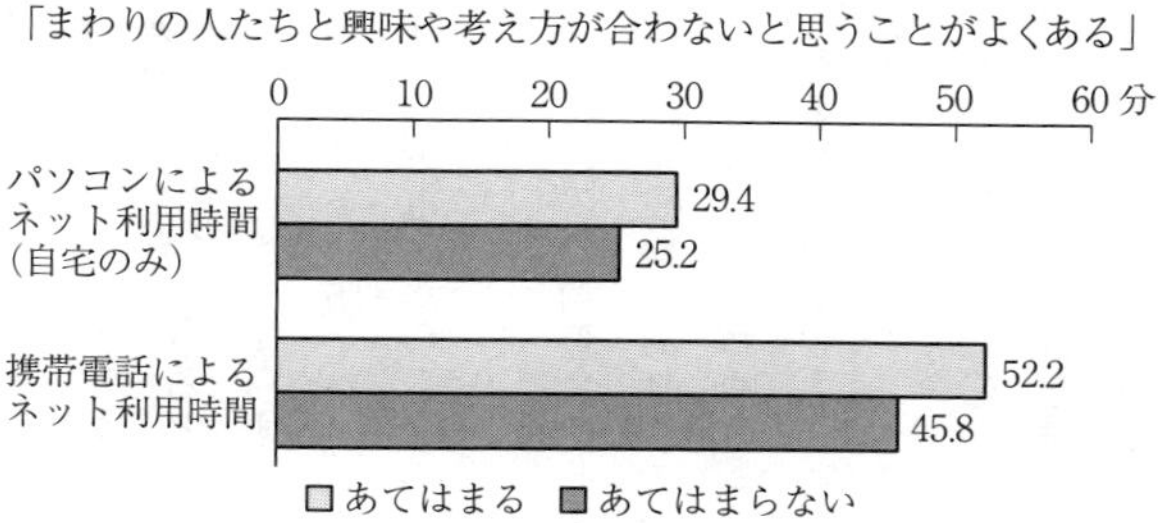

図 4-14　孤独感とネット利用時間

ト」が待っている「に違いない」という「孤独不安症」に彼らの一部は陥っている。そうした状態は、オンライン上も含めて「他人にどう思われているのか気になる」という自意識過剰を螺旋的に増幅している。

孤独感とネット利用

親しい友人との関係に対して持つそうした心理は「孤独不安症」にとどまるのだろうか。心理テストでよく用いられる質問で孤独感を測定し、あてはまる人とそうでない人のネット利用時間を比較したものが図4-14である。

三〇代以下の層では、調査的事実として、孤独を感じている人の方がＰＣにしろ携帯にしろインターネットを長時間利用していた。3章でネット普及期のパネル調査の結果として、ネット利用を開始することによって、孤独感が増すことはないと述べた。しかし、二〇一〇年時点の一つの調査結果では、孤独な人ほどネットに時間を費やしていた。ＳＮＳやミニブログなど、当時とのアプリケーションの違いが、時代を経た結果の違いの背景にあるようだ。

表現欲求を満たすメディア

インターネットの大きな特徴は利用者がいわば全世界にむかって情報を発信できるところにある。身辺雑記や身近で見た視覚的映像、音楽や文芸作品にとどまらず、ほとんどあらゆる文字情報、視覚情報が発信できる。とくに二〇〇六年七月に英語版で登場し、二〇〇八年から日本語版サービスも始まったTwitterが現れて以降、携帯電話からも短い文が気軽に発信できるようになり、ますます自分の表現欲求が満たしやすくなった。

フランスの調査会社セミオキャストによれば、二〇一〇年六月時点では全世界で月に約二〇億を超す投稿があり、このうちアメリカが二五％を占め、次いで日本からのものが一八％で二位を占める。いわゆる「ホームページ」の時代から、日本語による日記の開設数は世界的に見ても多かったが、手間暇が簡略化されるにつれ、益々日本人のネットを通した心情表出は盛んになりつつある。

ちなみに、二〇〇〇年に筆者らは日本語、英語、中国語の三カ国言語を対象に、個人ホームページの内容分析を試みたことがあるが、日本語で書かれた個人ホームページの記述には、日常的な身辺雑記が多く、政治的あるいは社会的な意見の表出が極めて少ないのが特徴的であっ

「自分の意見や気持ちを文字で発信することに喜びを感じる」

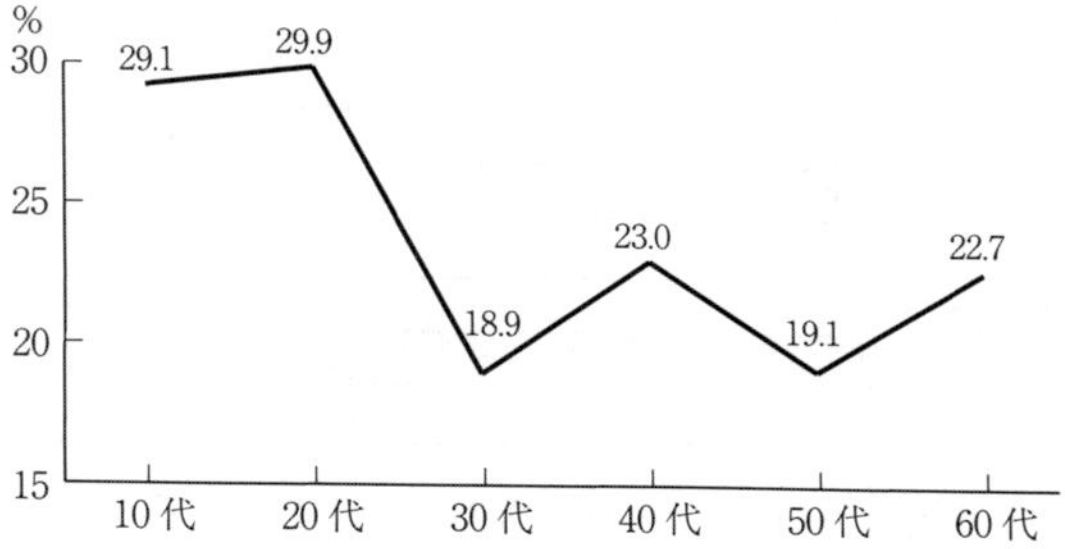

図 4-15　表現欲求(年齢層別)

た。Twitterは、そうした瞬間的な気持ちを表現するのに非常に適したメディアなのであろう。短い文によるツイートとそれに続く返信は、発句と連句の形式を彷彿させるものがある。

表現の喜び

「自分の意見や気持ちを文字で発信することに喜びを感じる」という質問に対する肯定的回答率を年齢層別にみた場合(図4-15)、一〇代、二〇代の肯定的回答率は他の年齢層に比べかなり高い。その表現欲求の有無によって、PCネットと携帯ネットの利用率の差を見たのが図4-16であるが、パソコンも携帯電話も、表現欲求が高い人ほどネットの利用時間が長くなっている。とくにPCネットにおける両者の差は顕著である。

調査によれば、自宅PCネットで「サイトに書き込む」は平均時間にして一〇代で〇・七分、二〇代で一・六分と短いが、行為者平均になれば一〇代で四六・三分、二〇代で

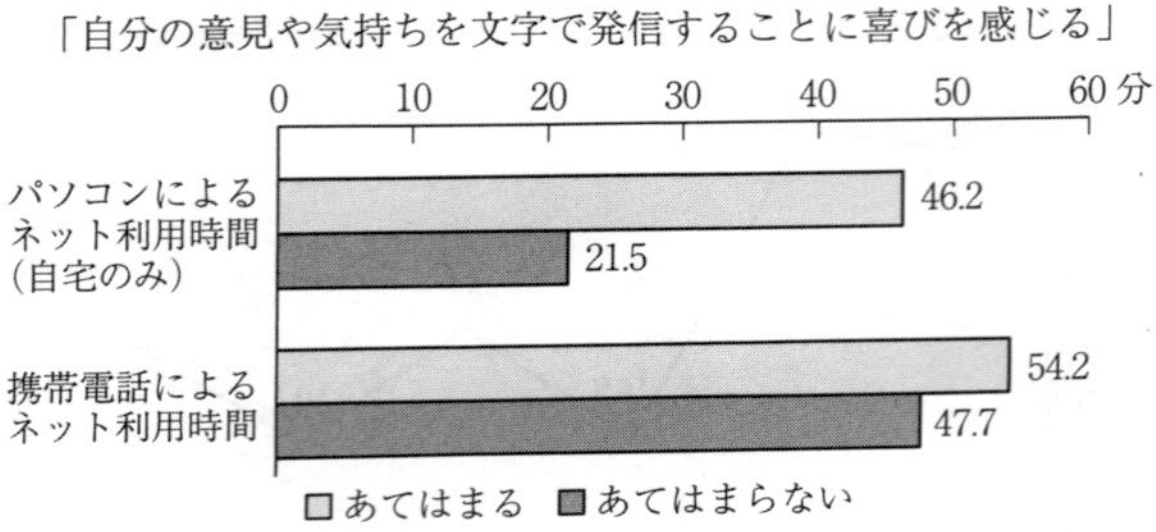

図 4-16 表現欲求とネット利用時間

四七・〇分とかなりの時間を費やしており（表4-2）、一部の人が積極的に自分の意見や感情をネット上に発信しているようすが示されている。表現欲求はメールでも一部達成できるから、必然的に表現欲求が高い人ほどネットの利用時間が長くなるのだろう。

クラウド・コンピューティング志向

表現欲求と同様、パソコン、携帯を問わず、ネット利用時間が長いほど、「あてはまる」という回答が多かった心理傾向に「いろいろな情報は、記憶していなくてもインターネットで探し出せれば十分だ」という質問によるものがある。

暗算能力はかつては偉大な才能であった。しかし、計算機の普及で今やそれは一つの芸でしかない。知識の記憶力は、今でも知力を構成する大きな要素であるが、少なくとも学校を離れた社会生活の場では、昔ほど重要な能力ではなくなってきたように思われる。

「いろいろな情報は，記憶していなくてもインターネットで探し出せれば十分だ」

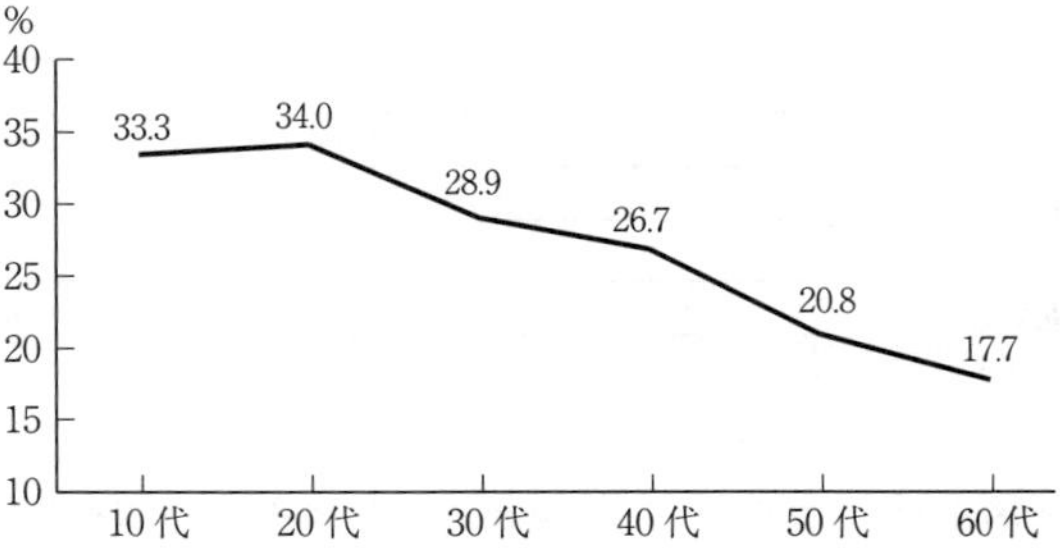

図4-17 クラウド・コンピューティング志向（年齢層別）

知識はあるに越したことはないが、今や携帯でも即座にネット経由で情報の海にアクセスできる。人の記憶には限度がある。わずかばかりの記憶量で他人との優位性を誇る時代は終焉を迎え、今はいかに早く目的とする情報にアクセスできるか、その種の情報を編集できるかが重要な社会的スキルである。そのことの一端を質問した結果が図4-17である。

「ネットで知識が検索できれば、自分の脳裡に知識をたくさんストックする必要がない」という考え方をここでは「クラウド・コンピューティング志向」と呼んでおく。「クラウド(雲)・コンピューティング」とは元来、ネットを通したコンピュータの利用、すなわち自分の手元にある情報処理端末をネットに接続し、ネットを通して諸ソフトウェアのサービスを享受することを意味する。ハードウェアの購入費や維持費、ソフトウェアの更新の

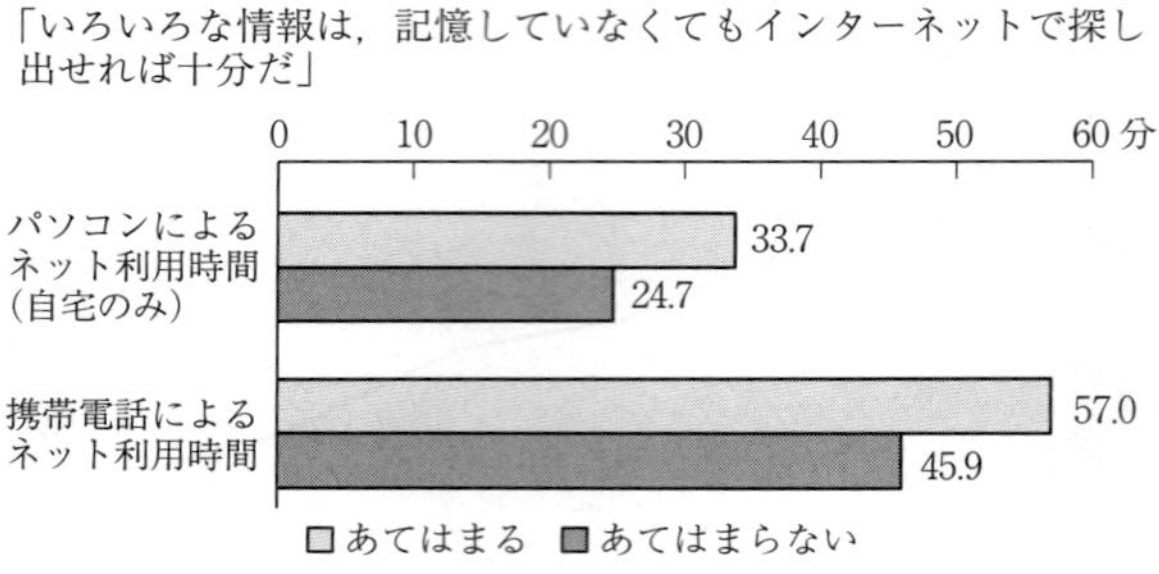

図4-18　クラウド・コンピューティングとネット利用時間

手間を考えれば、今後、益々クラウド・コンピューティングの利用が盛んになっていくだろう。同時に、知識に関しても、「クラウド」から引き出すスキルが重要になってくる。

クラウド・コンピューティング志向の有無によって、ネット利用時間を比較すると、ＰＣでも携帯でもそうした志向があると答えた人ほどネットの利用時間が長い（図4-18）。ネットを高頻度で利用しているからこそ、実際にメリットを享受しており、クラウド・コンピューティング志向が高まっていく。

今は学力の多くは、数学系を除けばほとんど暗記量で測定されている。通常、大学入試でも持ち込みはできない。しかし、やがてはネット接続が可能な条件下で、何を参照してもいいから、与えられた問題をいかに短時間に解決できるかというスキルが、その良し悪しは別として、重要な学力判定の一つになる時代が来るにちがいない。

4　ネット依存と人間関係のしがらみ

ネット依存症

二〇一〇年一〇月、筆者の研究室では、大手SNS運営会社の全面的協力を得て、SNS利用者に対するオンライン・アンケート調査を実施した。携帯のログイン画面にアンケートサイトへのリンクを張って回答者を募ったもので、有効回収票は五万六二七二票に達する。うち一〇代が一五・二%、二〇代が六〇・〇%を占める。

調査の目的の一つは「ネット依存の傾向にある人(以下、「ネット依存症」と呼ぶ)」がどのような心理傾向をもち、またどのような不安を抱いているかを明らかにすることである。

何が「ネット依存」あるいは「ネット中毒」(一部で「デジタル・ドラッグ依存症とも呼ばれている)かは定義次第であるが、我々はアメリカの心理学者キンバリー・ヤングの基準に従い、「ネットをしていないときも、ネットのことを考えてしまう」「ネットが原因で家族や友人との関係が悪化している」「ネットをした時間や熱中している度合いについて、ごまかしたり嘘をついたことがある」など八項目中五項目に該当する人を「依存症」と判定した。

その結果、ネット依存症は回答者のうち一一・〇%で、男性では八・一%、女性では一二・三%であった。この比率は、これだけでは多いとも少ないとも言えないが、アメリカの一般大学生を対象にした調査では一三%が該当したという研究もある。

一方、同時期に筆者らが実施した中学生調査(都内の中学校から無作為に一三校を抽出し、その中学一年生児童全員に実施。有効回答数は九九七票)の結果では、同じ判定基準で依存症の比率は三・四%であった。

依存症者の特性

依存症ユーザーで一日一度以上SNSサイトにアクセスする人は、自己報告で一日平均一七八分、携帯ネットからSNSを利用していた。利用場所では、四六・六%(複数回答)がトイレでも携帯でアクセスしている。

依存状況にありながら、人との交流が増えたり(七二・七%)、毎日が楽しくなった(七九・九%)人が多い反面、ストレスが増え(二五・八%)、情緒不安定になり(三七・九%)、夜眠れなくなった(四九・九%)人も多い。ネット利用で犠牲にしたものでも、睡眠時間(六五・一%)、勉強の時間(四〇・一%)と答えた人が多い(いずれも複数回答)。

調査結果の中で、興味深かったのは、SNSをやっていて「当該SNS(調査ではサイトの具体名)内の人間関係が負担」と答えた人が五二・一%もいたことである。

「まごまごしていると他人に追い越されそうだ，という不安を感じる」

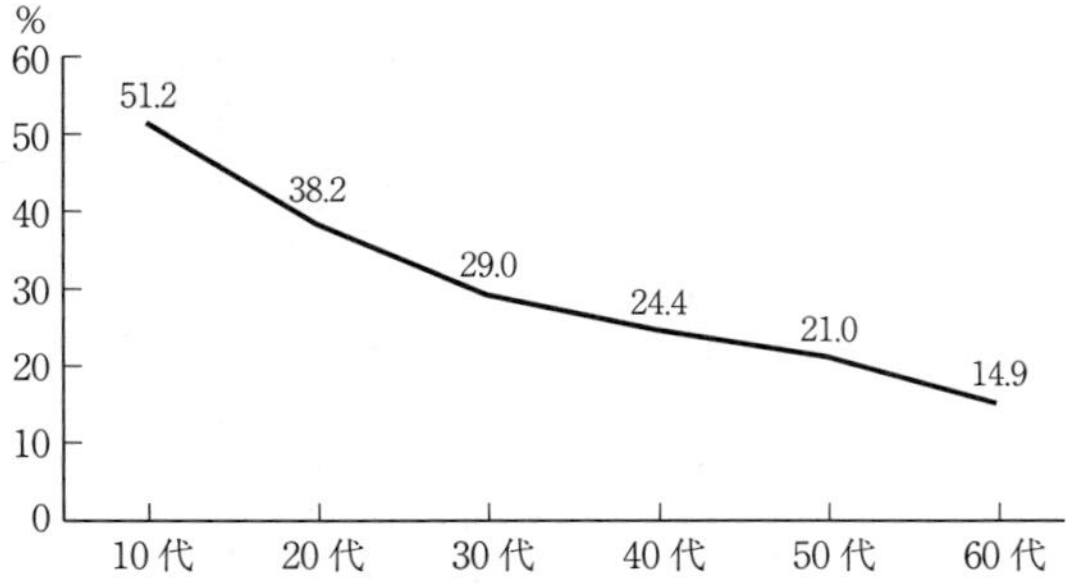

図 4-19　競争強迫観念

あせりと強迫観念

二〇一〇年の「日本人の情報行動調査」では、「まごまごしていると他人に追い越されそうだ、という不安を感じる」という人が一〇代で五一・二%、二〇代で三八・二%と他の年齢層より多く(図4-19)、また「いつもやらなければならないことに追われているように感じる」人も一〇代で五六・七%、二〇代で五八・三%いた。

いったい若い彼らはなぜそのように、何かをしなければいけないというあせりと、他人に負けそうという強迫観念に追われているのか。人とのつながりを求めて自ら好んでアクセスしつづけているSNSにもかかわらず、なぜそこでの人間関係に負担を感じなければいけないのか。負担ならやめればいいだけのことではないのか。

それが「青春時代」というものだ、という声が聞こえてきそうである。また、今の日本の閉塞状況の反映だという人もいよう。しかし、現在の日本の経済状況だけでは、データが示すように、競争強迫観念が若年層においてとくに顕著なことなどを説明できない。

つながりを求めて、あるいは日常的なつながりを確認するために、時々刻々とネットにメッセージを書き込み、友人の動静を探る。メッセージをやりとりし続けなければ、自分がのけ者にされるような不安を覚えるからだ。人に見つめられ続けていなければ、自分が空になってしまいそうな予感。そうした人間関係は、ある者にとっては、もはやオフラインでの人間関係よりむしろ煩わしい。しかし、既にそうした人間関係の網の中でしか自らを定義できない自分がいる。

多くの若者が、SNS、ミニブログの世界から、言いっぱなしが許されるTwitterに流れていく心理がわかるような気がする。

終章　メディアの未来にむけて

次々と新しいメディアが登場する中で、衰退するメディアと生き残るメディアがある。

1　ネットはテレビを侵蝕しているか

テレビは衰退するのか

これまでの章で、テレビをはじめとする従来のマスメディアが、少なくとも若年層の間ではこの一五年、利用時間、行為者率ともに減少しているのをみてきた。一方で二〇〇〇年以降、本格的に普及しはじめたインターネットが、二〇一〇年までに着実に全体平均として利用時間、行為者率を伸ばしてきたことも確認した。

では、従来のメディアは、このままインターネットによって衰退の一途をたどるのだろうか。とくに、テレビは国民のほとんどが日々それに接し、視聴時間も長いだけに、インターネットによってどのような影響を被るのか、これまで様々な議論が交わされ、また実際、それに関する多数の書籍が刊行されてきた。

終章では、実証的な分析によって、必ずしもインターネットが直接的にテレビの視聴時間を侵蝕しているのではないことを明らかにしておく。また、メディアの盛衰の要となるのは、メディアのもつ「機能」が、他で代替可能かどうかであることを確認する。

そして最後に、メディアそれ自体が、十分社会を変えうるチカラをもつことを強調して本書を閉じることにしたいと思う。

ネットとテレビの時間

この一〇年で四〇歳以下の層のテレビ視聴時間は減少している(図2-1)。一方で、自宅でのパソコンによるインターネット利用時間をみれば、全年齢層でこの一〇年の利用時間は増加している。一見、インターネットの利用時間がテレビの視聴時間に置き換わったようにみえる。実際、自宅でのパソコンによるインターネット利用時間と、テレビ視聴時間の相関関係を分析すると統計的に有意な負の相関係数(マイナス〇・〇七四)が示される。

しかし、これをもってインターネット利用時間がテレビ視聴時間を侵蝕したとは言えないのである。なぜなら、両者をよく利用する人たちの属性が異なるからである。つまり、自宅でもパソコンによるインターネットをよく利用する人は、若年層、男性で高学歴の人が多く、一方、テレビをよく見る人は高年齢層が多い。とくに年齢が重要で、前述の負の相関は、高年齢層はテレビをよく見るがインターネットをあまり利用せず、若年齢層はテレビはあまり見ずインターネットをよく利用する、という実態を反映しているに過ぎない。社会調査では、この種の現象を「年齢を介した負の擬似相関」と呼んでいる。

たとえば、日本人の二〇歳から五〇歳までについて、五〇メートル走の速度と年収との関係を「統計学的に」分析すれば、おそらく五〇メートル走の速度が遅いほど平均年収が高いという統計的に有意な関係が出るはずである。しかし、常識的に考えても、短距離走のスピードが遅いことと年収が高いこととは何の因果関係もない。単に、ある年齢までは加齢とともに平均年収が上がる一方、肉体的劣化から走る速さが遅くなる、という関係が数値で表れたに過ぎない。インターネットの利用時間とテレビの視聴時間もこれと同じことであり、背後の属性要因、特に年齢の影響を反映しているに過ぎない。

時差マッチング法による検証

背後の属性の影響を完全に排してテレビ視聴時間と自宅でのインターネット利用時間の関係を分析する手法に「時差マッチング法」と呼ばれるものがある。二〇一〇年の「日本人の情報行動調査」を分析データに用いて、この手法で両者の関連を明らかにしてみよう。

二〇一〇年調査の日記式調査は平日二日間にわたって実施されている。ここでは、インターネット利用のうち、テレビの視聴時間と競合関係の可能性が強く考えられる、自宅でのパソコンによるインターネット利用に焦点を絞って分析する。

調査対象となった二日間について、自宅でPCネットを利用したか否かという観点で切り分ければ、二日間のうち一日だけしかPCネットを利用していない人がいる(全体の一四・四%)。この人たちについて、PCネットを利用した日と、利用していない日のテレビ視聴時間を比較するのである。

分析すると、PCネットを利用した日のテレビの平均視聴時間は一六一・七分であり、PCネットを利用しなかった日のテレビ視聴時間は一三九・九分となり、自宅でインターネットを利用した日ほど長くテレビを見ているという結果が出た。

ここで、テレビ視聴時間を比較する母数は、まったく同じ集団であり、年齢その他の属性の影響は完全に排除されていることが重要である。

「在宅時間相応配分説」

なぜこのようなことが生じるのか。実は、PCネットを利用した日の方が、利用しなかった日よりも在宅時間が長いのである(九三四分と八四九分)。つまり、人は在宅時間が長く、時間的に余裕がある日にPCネットを利用し、時間的に余裕がない日にはPCネットを利用しない。しかも、在宅時間が長い日にはテレビも長時間視聴する。

在宅時間の長さに応じて、ほぼ分布が四等分されるように調査対象者を分類し、それぞれの

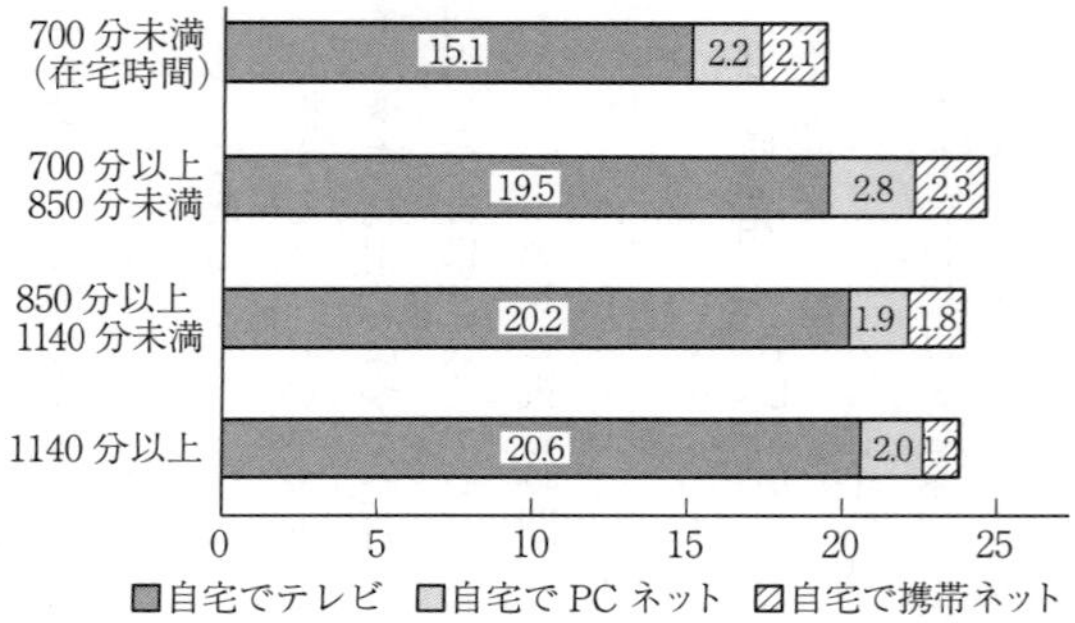

図終-1 在宅時間を100%とした場合のテレビ，PCネットなどの利用時間比率

カテゴリーに属する人が、「自宅テレビ」「自宅でのパソコンによるインターネット利用」「自宅での携帯によるインターネット利用」にどの程度時間を配分しているかをみたものが図終-1である。数値は在宅時間を一〇〇%とした場合のそれぞれの割合を示している。

在宅時間には、睡眠や食事、身じたく、入浴など、生活するにあたって必要不可欠な時間が含まれる。そうした生活必需時間は削るにも限度があるため、在宅時間が少ない人ほど、必需時間を差し引いた自由時間の割合が少なくなる。図終-1で在宅時間が七〇〇分未満の人の、テレビなどへの配分比率が低いのはそのせいであるが、在宅時間が七〇〇分以上の人をみれば、いずれのカテゴリーに属する人もテレビに割く時間は在宅時間の約二〇%であり、自宅PCネット時間、自宅携帯ネット時間も一定の枠内におさまっている。テレビを中心とするメディア利用時間は、平均的にみれば、それぞれの人の在宅時間によってほぼ一定の割合に振り分けられる。これを筆者は「メディア利用時間の在宅時間相応配分説」と呼んでいる。

2章でNHK放送文化研究所の国民生活時間調査のデータから、テレビ視聴時間は「起床在宅時間」の四〇％前後であると指摘したが(図2-4)、日本人の場合、平均的に「起床在宅時間」は「在宅時間」のほぼ半分であるので、テレビ視聴時間の割合は、両調査でほぼ一致していることになる。ただし、テレビ視聴時間が在宅時間の約二〇％というのは全体平均の数値であって、その比率は年齢層によって異なる。若年層ほどテレビに配分する比率が低くなることは既に述べたとおりである(図2-2)。

2　「時間代替」と「機能代替」

「代替関係」とは

一般に、あるメディアが他のメディアを侵蝕する、言い換えれば「代替関係が成立する」という場合、大きく二つの側面を考える必要がある。一つは「時間代替」である。たとえば、これまで漠然と三時間テレビを視聴していた人が、そのうち一時間を他のメディア利用に振り替えたとすれば、部分的な時間代替が成り立っているといえる。

もう一つは「機能代替」である。ある人が日々のニュース情報を得るために毎日一時間新聞を読んでいたが、新聞をやめ、インターネットでニュース情報を得るようになったとすれば、新聞の機能をネットで振り替えたことになる。もちろんこの場合、時間代替も同時に生じている。

一般に、あるメディアの機能が、完全に別のメディアで代替された場合、すなわち完全に機能代替が生じた場合に、その人にとって一つのメディアは役割を終えたことになる。

2章で、マスメディアの果たす最も大きな機能である「趣味・娯楽に関する情報を得る」というニーズに対し、最もよく利用するメディアとして二〇一〇年調査ではインターネットがテレビを凌いで一位(三六・〇%、テレビは二九・九%)になったことをみた(図2-17)。

しかし、ニュースをいち早く知る手段(図2-5)、信頼できる情報を得るメディア(図2-10)という面では今でもテレビがトップである。この領域で、インターネットはテレビを代替するにはとうてい至っていない。

もちろん、現在でもネットでテレビニュースの一部を見ることはできる。しかし、おそらく我々は、日々の決まった時刻に流される「編集された情報群」としてのニュースに信頼を寄せているのであり、たとえ情報の出所がテレビ局や新聞社であったとしても、時々刻々と中身も順位も入れ替わるネット上の「トップニュース」に対して、ある種の落ち着きのなさ、権威のなさを感じているのではないか。

失われていない機能

新聞は、記事の掲載位置で、テレビはニュースの放送順位で、それぞれのメディア企業の重要性の位置づけを推測することができる。それによって、我々は、今何が重要な争点なのか、どのような視点で社会を切り取るのがもっとも周囲と調和的かを判断する（争点の重要性に関する議題設定機能）。ネット上では、今のところ、その判断を示唆してくれる鍵が限られている。そうだとすれば、この先も、テレビニュースの定時制はテレビの価値を維持する大事な要素になるはずである。

また、テレビは癒しの機能、代理体験機能など、まだまだ他のメディアでは代替できない大きな効用をもっていることもすでにみてきた。

このようなテレビの機能を考えた場合、メディアに占めるテレビの役割はまだまだ健在と言うべきで、インターネットがテレビに「取って代わる」ことは当分あり得ない。

メディア環境とビジネスモデル

メディアの代替、ということを考えた場合、様々なメディアがインターネットに取って代わられるという事態は、肖像画が写真で間に合わされたり、ラジオのスポーツ中継がテレビで消えたりするのとは意味が異なる。というのは、インターネットはほとんどの場合、情報の様相としては、何も新しいものを付加しておらず、回路を変えただけだからである。テレビモニターで見る番組はネットでも見ることができ、電子ブックで読む本の中身は書籍と同じである。

羊皮紙や竹簡が、便利さとコストの関係で紙に移行したように、放送局や作家が生産したコンテンツが、テレビモニターや書籍の代わりに、パケット通信網を通じて、インターネット視聴用のモニターに映し出され、コストパーフォーマンスから、それが大勢になりつつあるだけ、とも言える。

しかし、だからといって、「結局、大騒ぎするほどのメディア環境変化が生じているわけではない」ということにはならない。

インターネットからニュースを入手したり、娯楽情報を得たりすると言っても、その情報の多くは既存のマスメディアが情報入手し、編集し、旧来の媒体から送り出した、あるいは送り出す準備を整えた情報群である。それをインターネットから入手したと言っても、結局は既存メディアの情報に依存しているわけである。

問題は、圧倒的な情報収集力、編集能力を誇る既存媒体が提供する情報に対し、受け手が、既存媒体を飛び越してネット上でのみアクセスするようになった際、ビジネスモデルが成り立たなくなることである。もし、新聞やテレビの利用者が減少し、既存の大手メディア企業がいまより経営悪化した場合、その情報収集・編集体制が維持できず、したがってネット上に供給もできなくなってしまう。ネットか新聞か、ネットかテレビか、という問題ではなく、共倒れになる危険性を孕んでいる。現状のインターネットからの情報発信は、それ自体、資本力のバックアップをほとんど持たない場合が多い。

活字に関しては、いずれ紙の上よりも、ネットを通じて、何らかの受信装置上で今の新聞や書籍のコンテンツを楽しむのが当たり前の時代がやってくるだろう。しかし、その前に、ネット上へのコンテンツ提供で、どのように採算を合わせるか、ビジネスモデルを確立しなければ、我々の情報環境は荒地化してしまうだけだ。旧来のマスメディア業界の関係者が危機感を抱くのも道理である。

3　メディアのもつチカラ

これまで本書では、日本でどのようにメディアが受け入れられ、我々の生活を変え、またメディアがどのように若者のメンタリティーと関連してきたかをみてきた。

技術至上主義に対する批判

このような記述の仕方に対して、「始めにメディアありき」であって、その種の考え方はあやまりだという見解がある。

すなわち、メディア自体が社会を変えたり、人々のメンタリティーを変えるわけではない、そもそも、メディアの普及を用意した社会的ニーズがあり、それを受け入れるメンタリティーがあった、という筋書きである。「メディア研究における技術至上主義（あるいは技術決定論）への批判」と言われるものである。

その立場にたてば、たとえば、携帯電話の普及には、それなりの土壌が用意されていた。戦後は、公共の空間から若者たちのたまり場を排除する歴史である。放課後、学校からは閉め出され、公園で遊んでは危険と言われ、コンビニの前でたむろしていると通報される。友だちの家に遊びに行くことも激減した。一方で、少子化の影響で一人一人の子に向ける親の眼差しは厳しくなり、子にとっては束縛感が増してきた。都市化の進行もあって、家族、友人以外の人とのコミュニケーションが希薄になる一方で、仲間うちでは過剰な気遣いが要求される。

そのような中で携帯電話は、若者にバーチャルなたまり場を提供し、親の束縛からの解放感をもたらした。そのワンクッション置いたコミュニケーション様式は彼らの心性にヒットした。とくにメールが一般化してからは、経済的にも負担が減少し、その爆発的な普及も必然であった。

一方で一九八〇年代、NTTがテレビモニターと情報センターを電話回線でつなぎ、各種情報サービスを提供しようとした「キャプテン」の見事な失敗は、その使い勝手の悪さもあったが、そもそも時代的にニーズが醸成されていなかったことに起因する。

では、メディアがそれ自体の力で本当に我々の行動習慣や心理に影響を与えることはないのか。この問題は、古代ギリシア時代から論じられてきた「言語と思考」の関係に似ている。

言語と思考

古代ギリシア時代の大歴史家のヘロドトス以降、言語の構造そのものが我々の精神の根本に強い影響を及ぼすという考えを提示した思想家、研究者は数多くいる。

二〇世紀の前半に、主にネイティブ・アメリカンの言語や文化の観察から、言語が思考に対して及ぼす影響力を強調したウォーフもその一人である。例えば、ホーピ語の時間表現は英語のそれとは大きな相違があり、そのために彼らの時間感覚、「効率」に対する考え方などが欧米人とはかなり違うとウォーフは述べた。

しかし、その後の研究では、言語の構造自体が考え方に影響を及ぼすという「言語相対性仮説」はほとんど壊滅状況にある。色名の体系が異なっていようと色の認識には差がなく、仮定法がなかろうと、仮想世界の思惟を現実と混同したりしない。名詞に男性、女性の区分があるからといって、世の中を男と女に分けて眺めたりはしない。言語のせいで論理的思考力が劣る、などということもない。

しかし、本当に言語はそれほど思考に影響力がないのか。

言語の影響力

たとえば、私は、自分の意志にかかわらず日本に生まれ、ほぼ無意識のうちに日本語を習得した。その結果、否定疑問に対しては発話者の予期に応じて返答する思考習慣を内在化した。たとえば、「あなたはタバコをやめないのか」と聞かれれば、相手が「私はやめない」と予期して質問していることを推し量って「はい（あなたの予期通りです。やめません）」と答える。英語で同じ質問を否定疑問でされた場合、相手の予期にかかわらず、自分の意志が「やめない」のならノーと答えるのと大きな相違がある。

人の心中を察して反応しなければならないという思考習慣は、言語の影響を強く受けたものである。もちろん、もともとそういう精神的風土といえばそれまでだが、精神的風土と言語習慣は互いに影響し合って螺旋的に一つの思考的方向性を強化する。

メディアと行動習慣、思考習性についても同じことがいえる。

メディアと思考

我々は声のコミュニケーションを選択して以来、ことばを時系列的に処理するのに慣れてきた。今の知的能力は、言葉で覆われたテキストを読み、教師の声を消化することによって蓄積される知能の多寡で評価される。

しかし、我々の脳は、そもそも視覚情報の処理に適している。今の知能の測定は、そうした動物学的本性に反している。今後、映像メディアのさらなる隆盛は、時間の関数としての言語の処理能力をベースとするこれまでの知性に異議を唱えるだろう。

テレビが普及して、我々には二時、三時という正時感覚、三〇分、一時間という時間感覚が強烈に刷り込まれた。しかし、この先、番組のオンデマンド視聴、ネットでの随意な動画視聴が一般化すると、そうした時間感覚はまた位相を変えるだろう。

さらに、ネットによる未知の人々とのコミュニケーションの活性化で、議論の場では相手の肩書きや年齢、性別、外見を気にすることが少なくなった。相手によって、自分をどう規定するか、「私」か「僕」か「オレ」か「お父さん」か、使い分けに悩む機会も減少しつつある。敬語もせいぜい丁寧語の使用で事足りる。相手との年齢や世代、身分との関係で自己規定し、そこからコミュニケーションをスタートさせる日本人の習性、人によっては相手の顔色をうかがわないとものも言えないといった習慣は、今後確実に変化していくだろう。

何時何分どこどこで、という約束のしきたりはケータイのない時代に形成された。ビジネスの場ではともかく、既に今の若者には、私的なつきあいにおいて、かつてのような時間と場所のしばりは消えている。

人々の欲望がテレビやインターネットを生み出したのではない。発明前は、誰もそれらを夢想だにしなかった。テレビやインターネットの発明が様々な欲望を生み、また新たなつながりの形態をこの世に作り出したのである。

メディアは、それ自体の存在で我々を変えるチカラをもつ。

あとがき

本書を読まれた方から、おそらく寄せられるであろうコメントの一つは、メディアの盛衰を語る際、それらが伝える内容、質への言及がほとんどない、というものであろう。当然、メディアにとって、そこに書き記され、放映される中身は枢要である。

しかし、たとえば新聞、雑誌において、中身に愛想を尽かしたから、読者が離れつつある、というような単純な議論には与しない。ほとんどの場合、日本の読者は、既存のメディアから、単にネットという新しい「伝送路」に乗り換えて、ほぼ同じ内容を享受しているにすぎないからである。

テレビにおいても、若者の視聴時間は減少しているが、筆者らが実施したＢＰＯの番組調査によっても、見ている番組に対しては結構満足度が高い。彼らが動画投稿サイトで見ているものも、その四〇％以上がテレビ番組の一部である。

既存のメディア離れは、中身の問題というより、効率的で低コストの強力な新伝送路が登場したことと、次々と新たな形態のメディアが登場し、多様なメディアに情報源が分散したことによる。もし仮に、テレビの制作者が今より一〇倍「おもしろい」番組を作ったところで、若者がテレビ受像器の前に座る時間は、往時のレベルに戻ることはないだろう。

ただ、メディアの形態が、伝えられる中身や我々の主観的現実構成にも影響を及ぼしうるという点は重要である。たとえば、ケータイの画面で「小説」を読むといっても、漢字だらけの長文の文体では読みづらく、また何度も前の頁を繰り直さなければならないような複雑な人間関係は敬遠される。ネットニュース上で、めまぐるしく変わる「アクセス・トップテン」を眺めているだけでは、争点の重要性を比較考量することはできない。

メディアの変化によって、中身にも変容が生じていること、さらには我々の世界認識にも影響が及びうることを真摯に考えておくことは重要であろう。私たちの日常は、変わりつつあるのである。

なお、本書を執筆するにあたって、メディアに関する知識や統計的数値の確認のため、しばしばインターネットを参照した。正直言ってネットの助けがなければ書けなかった。しかし、ネットがなければ、もっと早く書けた。ネットは、ありあまる知識を与えてくれる一方で、惜しみなく時間を奪う。

最後に編集部の安田衛さんには、実務面でも内容面でも色々お世話になった。原稿の進捗に気を揉む安田さんの切なげな顔を拝見するたびに、今回は途中放棄せず、最後までがんばらなければという気になった。心の底から安田さんに、ありがとうございましたと申し上げたい。

二〇一一年一月

橋元良明

政治

岩波新書より

自然科学

データサイエンス入門　竹村彰通
技術の街道をゆく　畑村洋太郎
科学者と軍事研究　池内了
抗生物質と人間　山本太郎
ゲノム編集を問う　石井哲也
霊長類　消えゆく森の番人　井田徹治
系外惑星と太陽系　井田茂
文明は〈見えない世界〉がつくる　松井孝典
首都直下地震　平田直
南海トラフ地震　山岡耕春
ヒョウタン文化誌　湯浅浩史
人物で語る数学入門　高瀬正仁
桜　勝木俊雄
エピジェネティクス　仲野徹
地球外生命　われわれは孤独か　長沼毅・井田茂
科学者が人間であること　中村桂子

近代発明家列伝　橋本毅彦
川と国土の危機　水害と社会　高橋裕
適正技術と代替社会　田中直
四季の地球科学　尾池和夫
地下水は語る　守田優
キノコの教え　小川眞
宇宙から学ぶ　ユニバソロジのすすめ　毛利衛
心と脳　安西祐一郎
職業としての科学　佐藤文隆
太陽系大紀行　野本陽代
偶然とは何か　竹内敬
ぶらりミクロ散歩　田中敬一
冬眠の謎を解く　近藤宣昭
人物で語る化学入門　竹内敬人
宇宙論入門　佐藤勝彦
タンパク質の一生　永田和宏
疑似科学入門　池内了
火山噴火　鎌田浩毅
数に強くなる　畑村洋太郎

人物で語る物理入門　上・下　米沢富美子
宇宙人としての生き方　松井孝典
私の脳科学講義　利根川進
宇宙からの贈りもの　毛利衛
市民科学者として生きる　高木仁三郎
科学の目　科学のこころ　長谷川眞理子
地震予知を考える　茂木清夫
生命と地球の歴史　丸山茂徳・磯﨑行雄
科学論入門　佐々木力
ブナの森を楽しむ　西口親雄
無限のなかの数学　志賀浩二
細胞から生命が見える　柳田充弘
摩擦の世界　角田和雄
からだの設計図　岡田節人
大地動乱の時代　石橋克彦
人工知能と人間　長尾真
腸は考える　藤田恒夫
日本列島の誕生　平朝彦
生物進化を考える　木村資生

岩波新書より

環境・地球

水の未来　沖　大幹
異常気象と地球温暖化　鬼頭昭雄
エネルギーを選びなおす　小澤祥司
欧州のエネルギーシフト　脇阪紀行
グリーン経済最前線　井田徹治・末吉竹二郎
低炭素社会のデザイン　西岡秀三
環境アセスメントとは何か　原科幸彦
生物多様性とは何か　井田徹治
キリマンジャロの雪が消えていく　石　弘之
イワシと気候変動　川崎　健
森林と人間　石城謙吉
世界森林報告　山田　勇
地球の水が危ない　高橋　裕
地球環境報告 II　石　弘之
地球温暖化を防ぐ　佐和隆光
地球環境問題とは何か　米本昌平
地球環境報告　石　弘之
国土の変貌と水害　高橋　裕
水俣病　原田正純

情報・メディア

K-POP 新感覚のメディア　金　成玫
メディア不信 何が問われているのか　林　香里
グローバル・ジャーナリズム　澤　康臣
キャスターという仕事　国谷裕子
読んじゃいなよ！　高橋源一郎編
読書と日本人　津野海太郎
スポーツアナウンサー 実況の真髄　山本　浩
戦争と検閲 石川達三を読み直す　河原理子
NHK〔新版〕　松田　浩
震災と情報　徳田雄洋
メディアと日本人　橋元良明
本は、これから　池澤夏樹編
デジタル社会はなぜ生きにくいか　徳田雄洋
ジャーナリズムの可能性　原　寿雄
ITリスクの考え方　佐々木良一
ユビキタスとは何か　坂村　健
ウェブ社会をどう生きるか　西垣　通
報道被害　梓澤和幸
メディア社会　佐藤卓己
現代の戦争報道　門奈直樹
未来をつくる図書館　菅谷明子
メディア・リテラシー　菅谷明子
職業としての編集者　吉野源三郎
本の中の世界　湯川秀樹
私の読書法　大内兵衛・茅　誠司

岩波新書新赤版一〇〇〇点に際して

ひとつの時代が終わったと言われて久しい。だが、その先にいかなる時代を展望するのか、私たちはその輪郭すら描きえていない。二〇世紀から持ち越した課題の多くは、未だ解決の緒を見つけることのできないままであり、二一世紀が新たに招きよせた問題も少なくない。グローバル資本主義の浸透、憎悪の連鎖、暴力の応酬――世界は混沌として深い不安の只中にある。

現代社会においては変化が常態となり、速さと新しさに絶対的な価値が与えられた。消費社会の深化と情報技術の革命は、種々の境界を無くし、人々の生活やコミュニケーションの様式を根底から変容させてきた。ライフスタイルは多様化し、一面では個人の生き方をそれぞれが選びとる時代が始まっている。同時に、新たな格差が生まれ、様々な次元での亀裂や分断が深まっている。社会や歴史に対する意識が揺らぎ、普遍的な理念に対する根本的な懐疑や、現実を変えることへの無力感がひそかに根を張りつつある。そして生きることに誰もが困難を覚える時代が到来している。

しかし、日常生活のそれぞれの場で、自由と民主主義を獲得し実践することを通じて、私たち自身がそうした閉塞を乗り超え、希望の時代の幕開けを告げてゆくことは不可能ではあるまい。そのために、いま求められていること――それは、個と個の間で開かれた対話を積み重ねながら、人間らしく生きることの条件について一人ひとりが粘り強く思考することではないか。その営みの糧となるものが、教養に外ならないと私たちは考える。歴史とは何か、よく生きるとはいかなることか、世界そして人間はどこへ向かうべきなのか――こうした根源的な問いとの格闘が、文化と知の厚みを作り出し、個人と社会を支える基盤としての教養となった。まさにそのような教養への道案内こそ、岩波新書が創刊以来、追求してきたことである。

岩波新書は、日中戦争下の一九三八年一一月に赤版として創刊された。創刊の辞は、道義の精神に則らない日本の行動を憂慮し、批判的精神と良心的行動の欠如を戒めつつ、現代人の現代的教養を刊行の目的とする、と謳っている。以後、青版、黄版、新赤版と装いを改めながら、合計二五〇〇点余りを世に問うてきた。そして、いままた新赤版が一〇〇〇点を迎えたのを機に、人間の理性と良心への信頼を再確認し、それに裏打ちされた文化を培っていく決意を込めて、新しい装丁のもとに再出発したいと思う。一冊一冊から吹き出す新風が一人でも多くの読者の許に届くこと、そして希望ある時代への想像力を豊かにかき立てることを切に願う。

（二〇〇六年四月）

橋元良明

1955年京都市生まれ
1978年東京大学文学部心理学科卒業
1982年東京大学大学院社会学研究科修士課程修了
現在―東京大学大学院情報学環教授
専攻―コミュニケーション論
著書―『背理のコミュニケーション』(勁草書房)
『コミュニケーション学への招待』(編著，大修館書店)
『ネットワーク社会』(編著，ミネルヴァ書房)
『メディア・コミュニケーション学』(編著，大修館書店)
『講座社会言語科学2 メディア』(編著，ひつじ書房)
『ネオ・デジタルネイティブの誕生』(共著，ダイヤモンド社) ほか

メディアと日本人
―変わりゆく日常　　岩波新書(新赤版)1298

2011年3月18日　第1刷発行
2020年11月5日　第7刷発行

著　者　橋元良明《はしもとよしあき》

発行者　岡本　厚

発行所　株式会社 岩波書店
〒101-8002 東京都千代田区一ツ橋2-5-5
案内 03-5210-4000　営業部 03-5210-4111
https://www.iwanami.co.jp/

新書編集部 03-5210-4054
https://www.iwanami.co.jp/sin/

印刷・三陽社　カバー・半七印刷　製本・中永製本

ISBN 978-4-00-431298-7　　Printed in Japan

資　料

2章に掲載した図の元データは以下の通り（「日本人の情報行動調査」による）

図 2-1　テレビ視聴時間（分）

	10代	20代	30代	40代	50代	60代	全体
1995	183.5	213.8	190.1	198.3	227.3		203.3
2000	174.2	177.0	188.8	189.2	209.0	261.9	201.1
2005	149.6	162.8	147.4	169.4	185.2	253.8	180.3
2010	112.9	144.6	149.6	153.4	208.6	260.0	184.5

図 2-2　在宅時間に占めるテレビ視聴時間の割合（%）

	14.0	14.7	15.9	17.0	21.8	23.6	18.9

図 2-3　テレビ行為者率（%）

1995	91.2	92.1	91.1	94.7	95.9		93.1
2000	88.5	86.5	88.1	92.5	91.7	94.0	90.4
2005	83.7	85.7	88.2	92.7	92.0	96.0	90.5
2010	85.8	84.0	85.0	93.7	95.3	96.3	91.4

図 2-5　いち早く世の中のできごとや動きを知るメディア（%）

	テレビ	ラジオ	新聞	雑誌	書籍	インターネット
2000	84.8	3.7	9.0	0.6	0.0	1.7
2005	80.5	2.9	7.4	0.3	0.3	8.2
2010	72.2	2.0	3.9	0.3	0.2	21.1

図 2-8　新聞を読む時間（分）

	10代	20代	30代	40代	50代	60代	全体
1995	9.8	13.6	24.5	32.2	39.3		25.2
2005	4.8	10.7	16.4	24.0	35.3	51.3	26.1
2010	1.7	4.5	8.9	14.4	24.8	37.2	18.8

図 2-9 新聞行為者率(%)

	10代	20代	30代	40代	50代	60代	全体
1995	27.6	42.4	60.3	70.6	73.0		57.2
2005	19.2	34.8	55.5	72.5	76.6	81.7	61.6
2010	10.2	21.1	35.0	53.9	59.2	67.0	47.6

図 2-10 世の中のできごとや動きについて信頼できる情報を得るメディア(%)

	テレビ	ラジオ	新聞	雑誌	書籍	インターネット
2000	55.9	1.5	39.1	0.7	1.3	0.4
2005	56.7	2.3	34.5	0.4	1.5	3.7
2010	55.2	1.6	30.5	0.5	1.8	9.0

図 2-11 仕事や研究に役立つ情報を得るメディア(%)

2000	14.6	0.9	19.5	12.4	28.8	5.6
2005	14.8	0.9	14.6	6.2	26.6	20.4
2010	11.7	0.4	9.4	4.2	21.4	36.8

図 2-13 パソコンによるインターネット利用時間(自宅のみ)(分)

	10代	20代	30代	40代	50代	60代	全体
2000	3.4	13.6	4.4	4.7	1.5	2.1	4.7
2005	18.2	32.9	12.4	13.7	4.1	2.5	12.1
2010	12.8	34.5	30.7	20.6	14.8	9.8	19.4

図 2-14 パソコンによるインターネット行為者率(同)(%)

2000	3.9	18.3	8.4	6.5	2.8	2.4	6.8
2005	21.9	27.9	23.2	18.7	7.8	5.6	16.3
2010	15.4	32.6	35.9	33.9	24.5	17.4	26.8

図 2-15 携帯電話によるインターネット利用時間(場所を問わず)(分)

2005	64.0	33.0	15.8	12.0	6.6	1.9	17.8
2010	66.0	43.1	30.3	23.6	14.4	6.8	27.2

図 2-16　携帯電話によるインターネット行為者率(同)(%)

	10 代	20 代	30 代	40 代	50 代	60 代	全体
2005	59.1	59.2	48.9	34.4	19.8	8.5	35.1
2010	59.4	81.9	66.3	60.2	41.8	22.1	50.7

図 2-17　趣味・娯楽に関する情報を得るのに最も利用するメディア(2000-2010 年の推移)(%)

	テレビ	ラジオ	新聞	雑誌	書籍	インターネット
2000	40.0	1.0	10.4	33.6	7.3	4.4
2005	34.8	1.1	9.1	24.6	6.9	18.8
2010	29.9	0.8	5.4	17.6	5.7	36.0

図 2-18　趣味・娯楽に関する情報を得るのに最も利用するメディア(年齢層別，2010 年)(%)

	10 代	20 代	30 代	40 代	50 代	60 代
テレビ	33.1	13.9	18.9	24.9	34.9	43.7
ラジオ	0.8	0.0	0.4	0.7	1.2	1.2
新聞	1.6	0.7	1.1	1.9	5.3	15.8
雑誌	14.2	17.4	18.5	17.5	17.6	18.3
書籍	5.5	2.8	3.3	6.0	8.5	5.9
インターネット	40.9	61.1	54.8	45.7	26.1	9.3

図 2-20　ラジオ聴取時間(分)

	10 代	20 代	30 代	40 代	50 代	60 代	全体
1995	12.4	37.6	34.4	40.8	50.1		36.6
2000	9.0	23.5	26.1	38.1	39.0	30.4	29.4
2005	7.5	7.6	24.3	18.7	33.0	33.6	23.1
2010	0.9	6.0	12.3	15.8	22.1	28.5	17.2

図 2-21　ラジオ行為者率(%)

1995	12.2	20.5	22.6	28.0	26.4		22.7
2000	10.8	18.3	15.5	24.3	23.9	15.6	18.8
2005	8.1	7.6	17.2	14.5	20.4	21.3	16.0
2010	2.8	4.5	8.5	12.0	15.9	15.4	11.5

図 2-23　読書時間(分)

	10 代	20 代	30 代	40 代	50 代	60 代	全体
1995	14.6	10.4	9.5	11.3	7.4		10.3
2000	12.2	6.9	5.9	7.5	7.4	9.8	8.0
2005	14.3	12.4	3.9	6.2	3.5	8.3	7.1
2010	14.1	7.6	6.4	9.0	11.1	7.7	9.0

図 2-24　読書行為者率(%)

1995	12.6	13.4	14.3	11.9	10.1		12.5
2000	12.8	7.9	10.3	9.9	9.9	10.2	10.1
2005	14.0	13.4	7.8	11.4	6.8	9.8	9.9
2010	11.0	8.0	8.3	14.3	14.0	8.3	10.9

図 2-28　雑誌を読む時間(分)

1995	8.5	8.4	8.6	3.9	4.3		6.6
2000	8.3	7.4	3.4	3.3	3.5	1.9	4.3
2005	8.0	4.9	3.8	2.3	2.7	4.7	4.0
2010	1.8	2.4	1.7	1.7	1.9	2.5	2.0

図 2-29　雑誌行為者率(%)

1995	13.6	17.6	11.9	8.0	7.0		11.3
2000	10.8	10.4	8.4	7.1	6.3	3.1	7.5
2005	13.1	7.4	8.4	5.8	6.0	6.7	7.5
2010	4.7	3.8	5.2	6.5	5.5	4.5	5.2

図 2-32　固定電話利用時間(分)

2005	1.2	6.4	13.2	15.0	15.4	12.2	11.8
2010	0.3	12.9	14.2	15.3	9.2	6.6	10.3

図 2-33　固定電話行為者率(%)

2005	9.1	14.7	38.2	46.8	29.4	47.3	37.6
2010	1.2	11.8	20.7	28.1	29.3	31.3	23.8

図 2-34　携帯電話通話時間(分)

2005	6.9	12.6	9.0	9.1	8.5	3.7	8.2
2010	2.6	12.3	8.6	11.1	9.0	6.8	8.6

図 2-35　携帯電話通話行為者率(%)

	10代	20代	30代	40代	50代	60代	全体
2005	19.7	39.9	39.3	38.1	19.0	19.1	31.4
2010	13.4	39.6	35.0	30.7	36.4	29.8	32.0

「日本人の情報行動調査」(2010 年)の日記式調査票の記入例

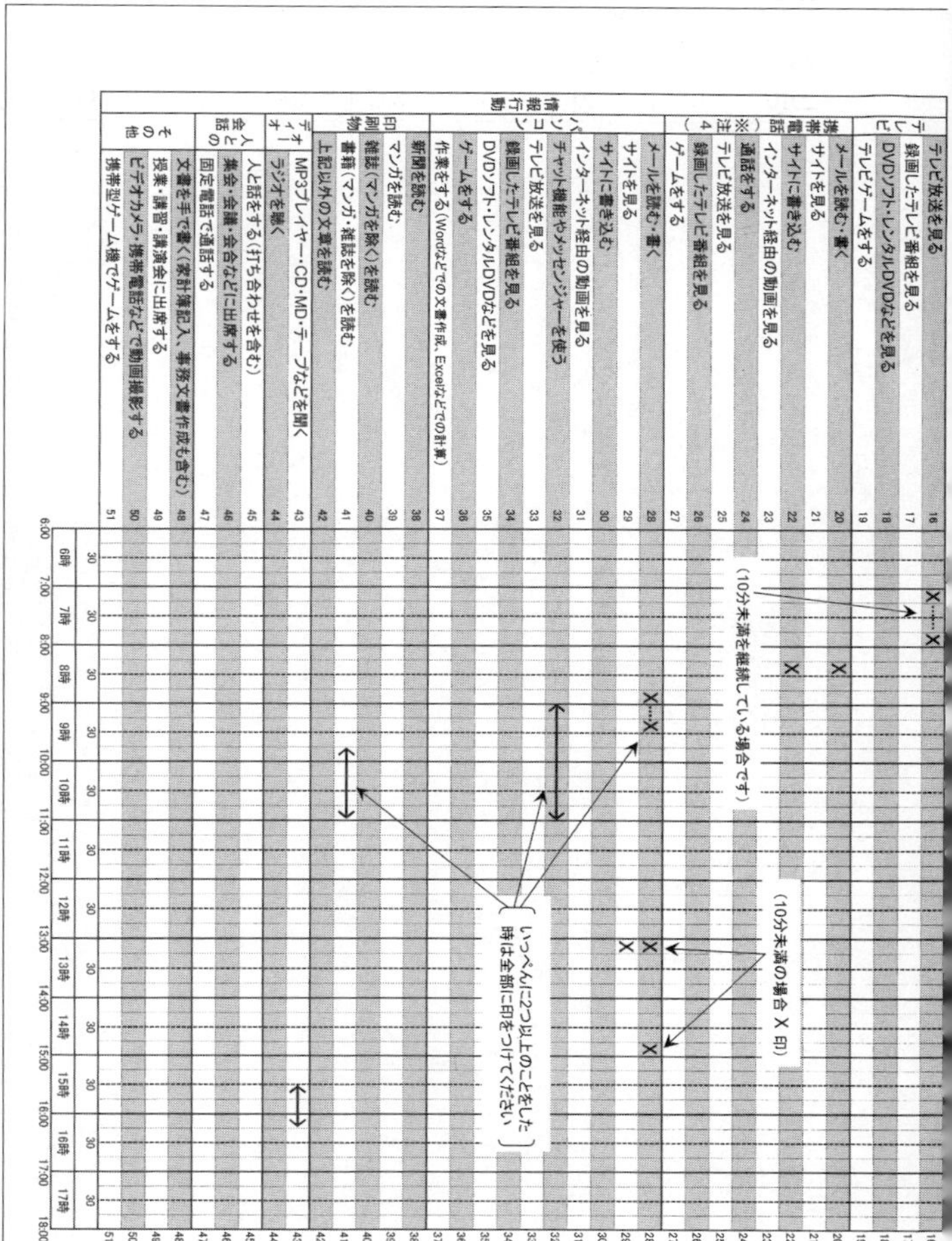

記入の仕方

月　日（火曜日）6 時〜18 時まで

※注 1　「あなたのいた場所」と「主な生活行動」は、その15分間のうち、最も長くいた場所および、最も長くしていた生活行動を選んでご記入ください。

※注 2　「情報行動」は、行動を行っていた時間が10分未満の場合は × 印を、10分以上の場合は矢印（ ⟷ ）を記入してください。

※注 3　インターネットは回線をつないでいる時間ではなく、実際にインターネット利用行動を行った時間帯をご記入ください。重複して利用している場合は、それぞれに記入してください。

※注 4　「携帯電話」は、スマートフォンやPHSを含みます。

※「あなたのいた場所」と「主な生活行動」は24時間切れ目なく、また、重複記入がないようにご記入ください。

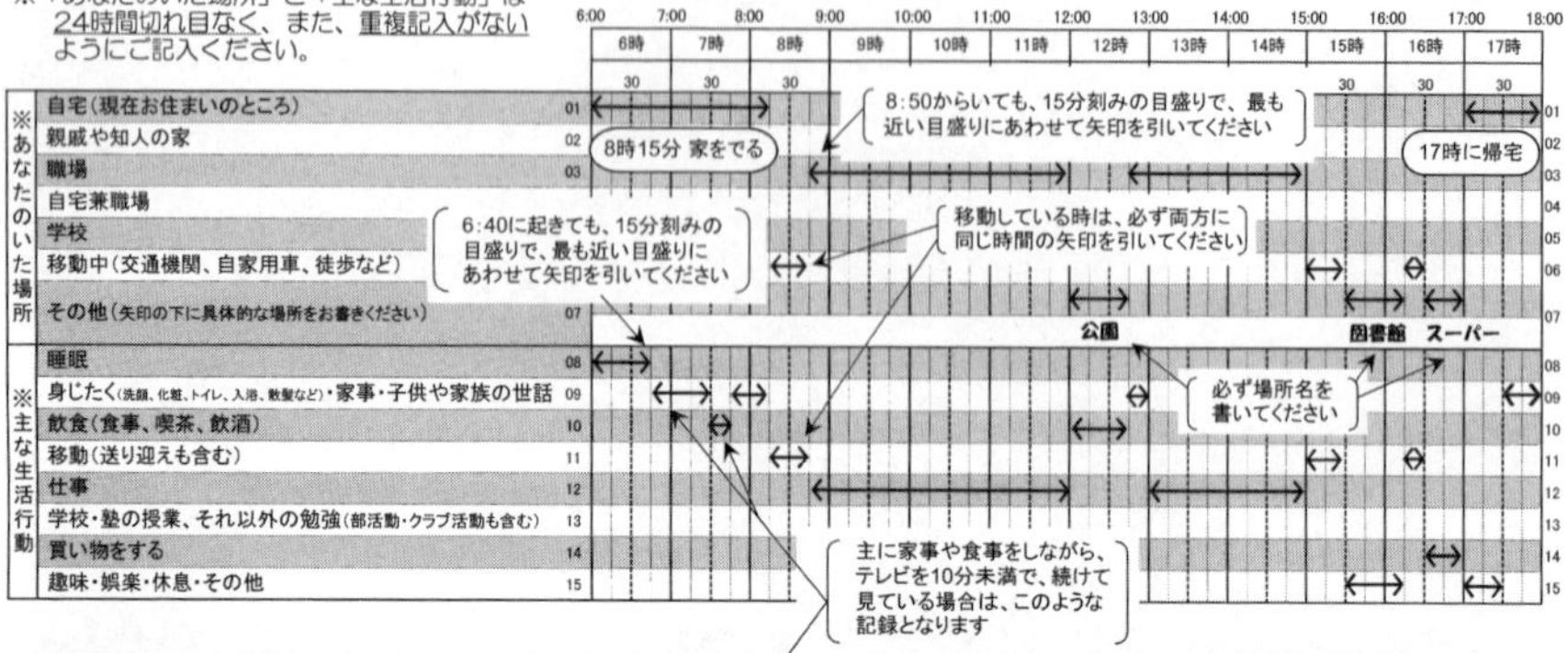

※「情報行動」について、行動があった場合にはすべてご記入ください。

参考文献

本書では多数の書籍，論文を参照した．そのうちのごく一部であるが，直接引用したものなど，主な文献を以下に掲載する．

1章

石川榮吉『欧米人の見た開国期日本―異文化としての庶民生活』風響社，2008年
竹内誠監修，山本博文，大石学，磯田道史，岩下哲典『外国人が見た近世日本―日本人再発見』角川学芸出版，2009年
オールコック(山口光朔訳)『大君の都―幕末日本滞在記』岩波文庫，1962年
ロバート・フォーチュン(三宅馨訳)『幕末日本探訪記―江戸と北京』講談社学術文庫，1997年
E・S・モース(石川欣一訳)『日本その日その日 1』平凡社(東洋文庫)，1970年
W・G・アストン(川村ハツエ訳)『日本文学史』七月堂，1985年
チェンバレン(高梨健吉訳)『日本事物誌 1』平凡社(東洋文庫)，1969年
日本新聞百年史刊行会『日本新聞百年史』1960年
春原昭彦『日本新聞通史』現代ジャーナリズム出版会，1969年
山本武利『近代日本の新聞読者層』法政大学出版局，1981年
日本放送協会編『放送五十年史』日本放送出版協会，1977年
日本放送協会『日本放送史(上)』日本放送出版協会，1965年
日本放送協会『ラヂオ年鑑』1938-1944年
藤竹暁『テレビメディアの社会力―マジックボックスを解読する』有斐閣，1985年
石井寛治『情報・通信の社会史―近代日本の情報化と市場化(生活と技術の日本近代史)』有斐閣，1994年
日本電信電話広報部『電話100年小史』1990年
クロード・S・フィッシャー(吉見俊哉・松田美佐・片岡み

い子訳)『電話するアメリカ―テレフォンネットワークの社会史』NTT出版, 2000年
石井研堂『明治事物起源』筑摩書房, 1998年
大山勝美『私説放送史―「巨大メディア」の礎を築いた人と熱情』講談社, 2007年
W・J・オング(桜井直文・林正寛・糟谷啓介訳)『声の文化と文字の文化』藤原書店, 1991年
三上章允『脳はどこまでわかったか』講談社現代新書, 1991年
喜多千草『起源のインターネット』青土社, 2005年
Cerf, V. and Kahn, R., "A Protocol for Packet Network Intercommunication", *IEEE Transactions on Communications*, May 1974.

2章

東京大学社会情報研究所編『日本人の情報行動1995』東京大学出版会, 1997年
東京大学社会情報研究所編『日本人の情報行動2000』東京大学出版会, 2001年
東京大学大学院情報学環編『日本人の情報行動2005』東京大学出版会, 2006年
橋元良明編『日本人の情報行動2010』東京大学出版会, 2011年
NHK放送文化研究所編『国民生活時間調査』各期版, 日本放送出版協会
NHK放送文化研究所編『日本人の生活時間』各期版, 日本放送出版協会
NHK放送文化研究所『放送研究と調査』各号
出版年鑑編集部編『出版年鑑』出版ニュース社, 各年版
総務省『通信白書』各年版
総務省他『日本統計年鑑』各年版
放送倫理・番組向上機構(BPO) 放送と青少年に関する委員会「"デジタルネイティブ"はテレビをどう見ているか?―番組視聴実態300人調査」2009年

3章

プラトン(藤沢令夫訳)『パイドロス』岩波文庫，1967年

The Institute for Propaganda Analysis (Lee, A. M. & Lee, E. B. (eds.)), *The Fine Art Of Propaganda ; A Study of Father Coughlin's Speeches*, Harcourt, Brace and Company, 1939.

Schramm, M., Lyle, J. and Parker, E. B., *Television in the lives of our children*, Stanford University Press, 1961.

岩男壽美子『テレビドラマのメッセージ――社会心理学的分析』勁草書房，2000年

佐々木輝美『メディアと暴力』勁草書房，1996年

ケイト・ムーディ(市川孝一監訳，北濃秋子訳)『テレビ症候群』家の光協会，1982年

ジェーン・ハーリー(西村辨作・新美明夫訳)『滅びゆく思考力――子どもたちの脳が変わる』大修館書店，1992年

California Assessment Program, "Television and Student Achievement, California State Department of Education", 1980.

開一夫・旦直子・松田剛「子どもの発達とメディア」『映像情報メディア学会誌』60(11)，2006年

Held, R. and Hein, A., "Movement-produced sitimulation in the development of visually guided behavior", *Journal of Comparative Physiological Psychology*, 56, 1963.

Kraut, R. et al., "Internet Paradox : A social technology that reduces social involvement and psychological well-being ?", *American Psychologist*, 53(9), 1998.

Kraut, R. et al., "Internet Paradox Revisited", *Journal of Social Issues*, Vol. 58, No. 1, 2002.

橋元良明他「パネル調査におけるインターネット利用の影響分析」『東京大学社会情報研究所調査研究紀要』No. 21，2004年

橋元良明「インターネット・パラドックスの真偽」橋元良明編著『講座社会言語科学2 メディア』ひつじ書房，2005年

4章

ドン・タプスコット(栗原潔訳)『デジタルネイティブが世界を変える』翔泳社，2009年

橋元良明・電通総研(奥律哉・長尾嘉英・庄野徹)『ネオ・デジタルネイティブの誕生―日本独自の進化を遂げるネット世代』ダイヤモンド社，2010年

Prensky, M., "Digital Natives, Digital Immigrants", *On the Horizon*, vol. 9, No. 5, 2003.

石井健一・橋元良明・三上俊治・辻大介・森康俊「内容分析による個人ホームページの国際比較―自己開示・自己表出を中心に」『東京大学社会情報研究所調査研究紀要』No. 14，2000年